Editore: Fivestore
Testi: Tessa Gelisio
Coordinamento editoriale e realizzazione: Sonia Vaccaro - sonia@soniavaccaro.it
Progetto grafico e impaginazione: Raineri Design - info@raineridesign.com

Con la collaborazione di Viviana Aguzzi

Foto di copertina: Andrea Ciriminna
Costumista: Elisa Rampi
Trucco e styling: Stefania Pellizzaro

Foto: Betti Borsi, pp. 4, 238, 239 (in alto); Andrea Ciriminna, pp. 10, 239 (al centro e in basso); Tessa Gelisio, pp. 46-49, 51-55, 57-63, 65-69, 71-75, 77-81, 84-99, 102-109, 111-119, 122-129, 131-141, 146, 147, 150, 151, 154-157, 160, 161, 164, 165, 168-171, 173-175, 178, 179, 182, 183, 185-187, 190, 191, 194, 195, 198, 199, 202, 203, 206, 207, 209-211, 214, 215, 218, 219, 221-223, 226, 227, 230, 231, 234, 235; © Olycom/StockFood, pp. 30-33; Shutterstock.com, pp. 14, 16, 18, 20, 22-24, 27, 28, 34-37, 39, 41, 43, 44, 82, 100, 144, 166; Stefania Pellizzaro, p. 240.

Finito di stampare nel mese di giugno 2013 presso Grafica Veneta S.p.A., Trebaseleghe (Padova)
ISBN 978-88-97453-86-4

I edizione luglio 2013

MISTO
Carta
da fonti gestite in
maniera responsabile
FSC® C021883
FSC
www.fsc.org

LE NUOVE RICETTE DI
PIANETA MARE

125 piatti di passione mediterranea

fivestore

pianetamare

X40

SAPORI CHE EMOZIONANO

Cosa c'è di più bello che sedersi a tavola, mangiare un boccone, chiudere gli occhi e sentirsi al mare anche se ti trovi in città? Da sempre sensazioni ed emozioni accompagnano l'amore per la cucina e il buon cibo.

In questo nuovo libro di *Pianeta Mare* ho raccolto 125 ricette di piatti a base di pesce, molluschi e crostacei proprio con l'intento di farti rivivere a casa tua le più belle emozioni che il buon gusto sa regalare. Si tratta delle migliori ricette che ho scoperto grazie alla tanta gente di mare incontrata nei miei viaggi per le coste, italiane e non solo. Già, perché a differenza delle tre edizioni pubblicate in precedenza, questo ricettario di *Pianeta Mare* si arricchisce di una serie di piatti tipici dei Paesi che si affacciano sul Mediterraneo. Raccoglie dunque diverse interpretazioni dei sapori che il mare sa offrirci, tutte capaci di esaltare la freschezza degli ingredienti nel rispetto delle tradizioni locali e del pianeta che ci ospita. Sono ricette provenienti dai quattro angoli dell'area mediterranea – Francia, Italia e Spagna; Paesi dei Balcani; Mediterraneo orientale e Africa settentrionale – e sottolineano la passione che anche i popoli di queste terre hanno per la buona cucina. Sono piatti che ho deciso di affiancare alle migliori proposte delle ultime due edizioni di *Pianeta Mare* che, come ben sai, consentono di riscoprire il sapore del pesce cosiddetto povero, quello che di solito non troviamo al supermercato o al ristorante perché sconosciuto alle tendenze del mercato. Eppure ti garantisco che specie come leccia, palamita, pesce sciabola, sugarello o zerro sono tutto fuorché prive di gusto e non inserirle nel menu è davvero un gran peccato! Oltre ai piatti della tradizione troverai anche quelli più sfiziosi e a base di pesce crudo, che giustamente sono sempre più apprezzati. Ti capiterà di riconoscere il tocco estroso di qualche chef incontrato in viaggio oppure di imbatterti in grandi classici che ho rivisitato e in ricette che ho ideato appositamente per chi, come me, ama la cucina di mare. D'altra parte, dopo tanti anni trascorsi a raccontare i piatti di cuochi e pescatori, non ho resistito alla tentazione di mettermi ai fornelli e di provare in prima persona le soddisfazioni che la creatività culinaria sa dare. Ti assicuro che cucinare con successo è più semplice di quanto possa sembrare: prima di iniziare a farlo, leggi le pagine che ti spiegano come acquistare e preparare alla cottura pesce, molluschi e crostacei e poi segui i passaggi delle preparazioni che io stessa ho voluto immortalare con la mia macchina fotografica per facilitarti il compito. Vedrai che riuscirai a ottenere ottimi risultati anche se sei alle prime armi perché tutte le ricette di questo libro sono rigorosamente testate e garantite, si preparano con ingredienti di facile reperibilità e riportano tempo di preparazione e livello di difficoltà in modo che tu possa scegliere subito quella adatta a te. E, allora, cosa aspetti? Non ti rimane che sbizzarrirti e realizzare i tuoi piatti con una buona dose di passione mediterranea per la cucina, il buon cibo e i tanti sapori del mare!

Tessa Gelisio

SOMMARIO

GUIDA ALLA CONSULTAZIONE

Per rendere più agevole la consultazione, questo ricettario è stato organizzato in cinque sezioni: **Antipasti**, **Antipasti di pesce crudo**, **Primi piatti**, **Zuppe e piatti unici** e **Secondi piatti**, facilmente individuabili anche grazie al colore che li caratterizza.

Per ogni ricetta è indicato il **Paese di provenienza**, il **tempo di realizzazione** e **i pesci, molluschi e crostacei alternativi** con cui si può preparare lo stesso piatto. Tramite icona, si segnala anche il livello di difficoltà:

basso ✶
medio ✶✶
alto ✶✶✶

Gli ingredienti. Quando è stato possibile, per rendere più pratica la realizzazione, gli ingredienti sono stati espressi mediante le seguenti equivalenze:

- 1 bicchiere = 200 ml
- 1 cucchiaio (di prodotti in polvere) = 10 g
- 1 cucchiaio (di liquidi) = 10 ml
- 1 cucchiaino = 1 terzo di cucchiaio

Foto e approfondimenti. Nelle ricette con le foto delle fasi della preparazione, quella contrassegnata dalla stella marina rappresenta il piatto finito. Ogni ricetta è corredata da approfondimenti che ne propongono varianti, curiosità, consigli per scegliere gli ingredienti e semplificare la preparazione.

Indici. Gli indici forniscono più chiavi d'accesso: i piatti possono essere individuati per portata; pesce, mollusco o crostaceo e tempo di realizzazione (che non comprende l'eventuale tempo aggiuntivo di riposo e/o raffreddamento).

Altre informazioni. Temperatura e durata di cottura al forno, che si intende sempre preriscaldato, sono indicative perché dipendono dal tipo utilizzato.

IMPARA L'ARTE E METTILA IN TAVOLA

Se vuoi che il tuo piatto
porti in tavola
i veri sapori del mare
prima di metterti ai fornelli
impara a riconoscere il buon pesce,
a pulirlo e sfilettarlo.
Pazienza e attenzione ai dettagli
devono essere gli ingredienti
della tua passione per la cucina

L'ACQUISTO

Sai qual è il segreto per cucinare un ottimo piatto a base di pesce? Sicuramente la ricetta, che potrai scegliere tra le numerose proposte in questo libro, ma non solo. Il tuo successo culinario sarà decretato anche dalla qualità degli ingredienti che utilizzerai e, nel nostro caso specifico, principalmente da quella di pesce, molluschi e crostacei.
Cosa c'è di meglio di un buon piatto di spaghetti alle vongole se quando li assapori riesci a chiudere gli occhi e a pensare al mare anche se sei in città? Oppure di una triglia arrosto dalla polpa così deliziosa da volerla trattenere in bocca? Se il nostro pesce è fresco, è sicuramente più buono, più nutriente e salutare. Saper valutare la freschezza di ciò che acquistiamo è la prima cosa da imparare.

La freschezza prima di tutto

Se qualcuno ti chiedesse di elencare le caratteristiche del pesce fresco, lo sapresti fare? Se la risposta è sì, mi complimento con te perché ti assicuro che non è da tutti. Se non è così, è arrivato il momento giusto per scoprirle. Innanzi tutto chiariamo qual è il pesce fresco. È quello che possiamo comprare in pescheria, al mercato del pesce o, se siamo fortunatissimi, sul molo. Quello che si presuppone sia stato pescato la notte precedente, sia stato messo nel ghiaccio già sull'imbarcazione e non sia stato sottoposto ad altro procedimento di conservazione a eccezione del mantenimento a una temperatura controllata (meno 1-2 °C) per evitarne il deterioramento.

I cinque proverbi d'oro

Quando entri in pescheria o ti avvicini a un banco del pesce ti senti perso? Niente paura, da oggi non ti accadrà più. Ci sono semplici regole da seguire che ti renderanno infallibile nella scelta di pesce, molluschi e crostacei migliori.

❶ Fidarsi è bene, non fidarsi è meglio

È fondamentale acquistare pesci, crostacei e molluschi da un rivenditore di fiducia. Quando si è alle prime armi, è facile confondersi sul tipo di pesce venduto, figurarsi sul riconoscerne la freschezza. Se invece diventi un cliente affezionato, eviterai spiacevoli sorprese e magari riuscirai anche a ottenere un trattamento di favore. Un buon rivenditore espone il pesce in modo tale che il cliente possa osservarlo con attenzione: diffida dall'illuminazione eccessiva perché serve solo a far apparire sotto l'aspetto migliore anche il pescato poco fresco. I pesci devono essere sempre adagiati su una quantità sufficiente di ghiaccio perché la refrigerazione non deve interrompersi e l'acqua che ne deriva deve poter scorrere facilmente.

❷ Non ogni fiore fa buon odore

L'odore di pesce, molluschi e crostacei freschi richiama il profumo del mare, il sentore della salsedine e delle alghe. Deve essere intenso e gradevole. Anche se sono perfettamente conservati in frigo, più i tuoi acquisti avranno il caratteristico "odore di pesce", più sarà il tempo trascorso dal momento in cui sono stati prelevati dal mare.

❸ Anche l'occhio vuole la sua parte

Il pesce fresco ha la pelle lucente, ricoperta nei migliori dei casi da una patina leggermente vischiosa e trasparente; occhi vivaci, brillanti e sporgenti; branchie rosso scuro. Le scaglie devono essere chiaramente riconoscibili e ben salde, tranne nel caso di alcune specie che tendono a perderne la maggior parte, come sardine e triglie, e di altre che ne sono naturalmente prive, come pesce sciabola, razza, anguilla e grongo. Anche molluschi e crostacei devono essere lucidi e umidi. Se ci sono, i tentacoli devono essere ben ancorati al corpo e le ventose non devono staccarsi facilmente. I molluschi dotati di conchiglia bivalve, come cozze e vongole, non devono mai essere comprati sfusi, bensì in sacchetti sigillati con la targhetta che ne riporta data di confezionamento e scadenza, provenienza e nome della specie.

❹ Chi tocca con mano va sano

Anche se la consistenza del pesce può variare da specie a specie e a seconda della taglia, la carne deve risultare soda al tatto. Se premi con un dito la pelle, l'impronta del polpastrello deve scomparire immediatamente dimostrando una certa elasticità. Se afferri verso la coda i pesci più piccoli – come sardine, zerri, triglie e acciughe – devono restare rigidi e non afflosciarsi perché altrimenti significa che sono stati pescati da troppo tempo. Quando prendi in mano i molluschi in conchiglia, devono essere ben chiusi o leggermente aperti. In quest'ultimo caso, al tocco devono reagire chiudendosi a dimostrazione del fatto che sono ancora vivi. Mi raccomando: non sottovalutare questo aspetto perché i molluschi morti non vanno assolutamente consumati!

❺ Non accontentarsi del poco

Anche se i pesci già sfilettati sono sempre più diffusi nelle pescherie e sui banchi del mercato, è meglio comprare il pesce intero. La testa, gli occhi e le branchie sono fondamentali per capirne la reale freschezza. Se invece il pesce è già eviscerato, controlla che la cavità ventrale non emani odore e che le eventuali tracce di sangue siano di colore rosso acceso; se sono di colore bruno significa che l'eviscerazione risale a qualche giorno prima e quindi quello che stai valutando non è pesce fresco.

L'alternativa del surgelato

Se sei disposto a rinunciare al sapore del pesce fresco e ad alcune sue proprietà nutritive, hai l'alternativa del pesce surgelato.
A dire la verità, questa è una scelta che personalmente evito di fare. Per due semplici motivi: il pesce surgelato che troviamo al supermercato arriva sempre da molto lontano – direi proprio dall'altra parte del mondo – e il suo sapore non ha nulla a che fare con quello del pesce fresco. Sì, è vero, non è che tutti hanno la fortuna di vivere in una località di mare... ma sai che faccio io? Ogni volta che mi capita di andarci, ne compero in gran quantità e lo congelo così, quando torno a Milano, per un paio di mesi ho la certezza di mangiare pesce italiano dal sapore decisamente migliore rispetto a quello surgelato.
Qualsiasi sia la tua scelta, sappi comunque che anche nell'acquisto del pesce surgelato devi valutare alcuni parametri fondamentali con molta attenzione.
Il pesce surgelato viene eviscerato subito dopo la pesca, per poi essere portato rapidamente a meno 18 °C. Questa temperatura, con variazioni di massimo 3 °C, deve essere mantenuta rigorosamente dall'imbarcazione allo smercio, dal commercio all'ingrosso al dettaglio, fino al consumatore. Quindi verifica bene che il termostato del banco frigo sia impostato a una temperatura uguale o inferiore ai meno 18 °C, che le serpentine del tuo freezer non producano brina e che i contenitori dei surgelati non ne siano ricoperti. Al momento dell'acquisto non dimenticare neppure di controllare la data di scadenza e accertati che la confezione sia perfettamente integra.
Ricorda anche un'altra cosa importantissima: una volta scongelato, il prodotto va consumato subito quindi non devi assolutamente rimetterlo nel freezer.

Alla scoperta di nuovi sapori

Credi che cucinare pesce, crostacei e molluschi significhi portare in tavola solo tonno, salmone, pesce spada, gamberoni e ostriche? Ti assicuro che non è affatto così. Di certo queste sono le specie che vanno più di moda, che costano di più, ma fra i pesci ci sono anche le occhiate e le sardine, fra i crostacei le eccellenti canocchie, fra i molluschi le cozze e i fasolari. Tutti prodotti dei nostri mari che puoi trovare freschissimi e a prezzi modesti nei nostri mercati. Quindi perché spendere di più e non stimolare il nostro palato con sapori nuovi e diversi?

Le scelte giuste

Siamo talmente abituati a consumare le solite, poche specie, che le nostre coste non sono più in grado di soddisfare la richiesta di queste star della tavola, vere e proprie fissazioni. Le nostre manie ittiche non solo causano lo spopolamento del Mediterraneo, ma ci costringono anche a importare. Due pesci su tre che raggiungono le nostre tavole arrivano da lontano: dall'Africa, dal Sudamerica, dall'Australia, dalla Cina, addirittura dalle acque del Polo Nord e del Polo Sud! Quasi sempre si tratta di pesci (ma anche di molluschi e crostacei) pescati o allevati al di fuori delle restrittive norme ambientali e sociali dell'Unione europea. A volte poco sicuri come alimenti, spesso nemmeno paragonabili nel gusto e nell'aspetto ai corrispettivi nostrani.

In compenso snobbiamo cefalo, grongo, pesce sciabola, pesce prete, murena, suacia, zerro e decine di altre specie che vanno a

comporre la lunga lista del pesce cosiddetto povero, ossia quella parte del pescato che non rientra nel circuito del grande mercato e che, perciò, la maggior parte di noi non conosce o dimentica. Si tratta di specie del Mediterraneo ormai sepolte nei ricettari tradizionali di nonni e pescatori, che qui voglio riscoprire e valorizzare con ricette che ne esaltano al meglio il gusto.
Se inizierai a chiedere al tuo pescivendolo di fiducia vedrai che magicamente riappariranno sui banconi del ghiaccio permettendoti di gustare a buon prezzo pesci freschissimi e deliziosi. Solo in questo modo potrai contribuire a evitare che migliaia di tonnellate di "pesce povero" vengano pescate e poi magari ributtate in mare senza vita perché non richieste dal mercato. Non solo, darai anche un sostegno concreto alla piccola pesca e non contribuirai all'ulteriore spopolamento delle specie ittiche più famose e all'inquinamento derivante dall'importazione di pesce, crostacei e molluschi spesso prelevati senza alcuna tutela né del mare né della risorsa ittica. In altre parole, verificando che il prodotto provenga da fonti sostenibili inizierai a praticare un consumo etico. Come se non bastasse, eviterai di mangiare pesce sempre meno fresco e sempre più insapore.

Questione di taglia

Quando acquisti il pesce, non devi curarti solo della sua freschezza, ma anche della sua misura perché ogni specie ha una taglia minima sotto la quale non può essere pescata. Anzi, nel caso nelle reti capitassero pesci troppo giovani o immaturi, i pescatori sarebbero tenuti a rilasciarli in mare proprio per favorire il ripopolamento del Mediterraneo, che da decenni subisce una pesca straordinariamente intensa.
Consideriamo il tanto blasonato pesce spada: la sua taglia minima è di 1,4 metri di lunghezza e qualunque esemplare di misura inferiore esposto sul bancone del pescivendolo rappresenterebbe reato. Questo perché il pesce spada è un animale longevo che impiega anni a raggiungere la maturità sessuale e se uccidiamo

esemplari troppo giovani rechiamo un grave danno alla specie, già enormemente stressata da una pesca eccessiva. Eppure a me è capitato di vederne esposto qualcuno che quasi non superava i 50 centimetri!
Sempre per tutelare specie ittiche a rischio, a livello europeo vengono spesso previsti divieti di pesca. Tuttavia, talvolta vengono disattesi anche solo a livello regionale per le motivazioni più disparate. Noi consumatori abbiamo però la facoltà di rifiutarci di acquistare pesci di questo tipo, come i bianchetti, che oltretutto sono davvero costosi per via della loro scarsità.
Un altro caso emblematico è quello del dattero di mare. La pesca e il consumo di questo mollusco bivalve, che vive all'interno delle rocce, sono illegali. Pensa che per cucinare un piatto di datteri si desertificano dieci metri quadrati di fondale, che viene distrutto dai martelli dei bracconieri subacquei. Anche in questo caso, solo il nostro atteggiamento di consumatori (e cuochi) responsabili può limitare l'enorme danno ambientale che il Mediterraneo ha già subito.
Le ricette che trovi nelle prossime pagine non rinunciano ai più deliziosi e apprezzabili sapori del nostro mare nel rispetto del pianeta che ci ospita.

Le stagioni del mare

Quando si parla di stagionalità dei prodotti alimentari, molti pensano solo a frutta e verdura. In realtà, anche il pesce va scelto a seconda del periodo dell'anno in cui ci troviamo se vogliamo essere davvero sicuri di mangiarlo fresco e di rispettarne il ciclo di vita naturale. Difatti, le stagioni si susseguono anche negli abissi e le creature marine percepiscono il passare del tempo esattamente come quelle di terra.

Nel corso dei mesi, proprietà organolettiche e valori nutritivi di pesci, molluschi e crostacei variano notevolmente, la qualità delle carni non è sempre uguale e dipende anche dal periodo della riproduzione. Ovviamente le stagioni influenzano le catene alimentari, la presenza del cibo di cui si nutrono i pesci e quindi incidono sulla loro distribuzione nei vari periodi dell'anno. Infatti alcune specie si trovano a maggiori profondità in mare aperto in certi periodi e si avvicinano alla costa solo in determinate stagioni. Altre migrano, quindi non sono sempre reperibili nella stessa area. Di altre ancora, per favorirne la riproduzione, in alcuni mesi dell'anno è vietata la pesca.

Quando compriamo pesce di stagione, tendenzialmente risparmiamo perché è più abbondante e abbiamo la certezza di mangiare pesce locale che non ha subito lunghi viaggi per arrivare sulla nostra tavola. Contribuiamo anche a preservare le risorse del mare perché i pescatori sono favoriti nel pescare specie spesso dimenticate, seppur caratterizzate da un ottimo sapore.

Il calendario del pesce fresco

Nelle pagine seguenti trovi una tabella con l'indicazione dei mesi in cui ogni specie ittica si pesca in abbondanza nei mari d'Italia. Ciò non significa che negli altri mesi dell'anno sia impossibile pescarla, ma le catture sono inferiori, i prodotti costano di più e in alcuni casi sono anche di qualità minore. Le specie colorate in azzurro sono quelle meno sfruttate e quindi da preferire.

	GEN.	FEB.	MAR.	APR.
Acciuga/alice				🐟
Aguglia				
Barracuda				
Branzino/spigola	🐟	🐟	🐟	
Boga	🐟	🐟	🐟	🐟
Calamaro	🐟	🐟	🐟	
Cannolicchio	🐟	🐟	🐟	
Canocchia/panocchia	🐟	🐟	🐟	
Capasanta	🐟	🐟	🐟	🐟
Cavalla				
Cefalo/muggine			🐟	🐟
Cicerello	🐟	🐟	🐟	🐟
Corvina				
Cozza	🐟	🐟	🐟	🐟
Dentice				
Fasolare	🐟	🐟		
Gambero rosa	🐟	🐟	🐟	🐟
Gambero rosso				🐟
Grongo	🐟	🐟	🐟	🐟
Lampuga				
Leccia stellata				🐟
Lumachino/bombolino	🐟	🐟	🐟	🐟
Mazzancolla				🐟
Mormora				
Moscardino	🐟	🐟	🐟	
Murena	🐟	🐟	🐟	🐟
Musdea/mostella	🐟	🐟	🐟	🐟
Nasello	🐟	🐟	🐟	
Occhiata				
Ombrina	🐟	🐟		
Orata				🐟
Pagello fragolino	🐟	🐟	🐟	🐟
Palamita				🐟
Pesce pilota				

🐟 specie da preferire perché meno sfruttate

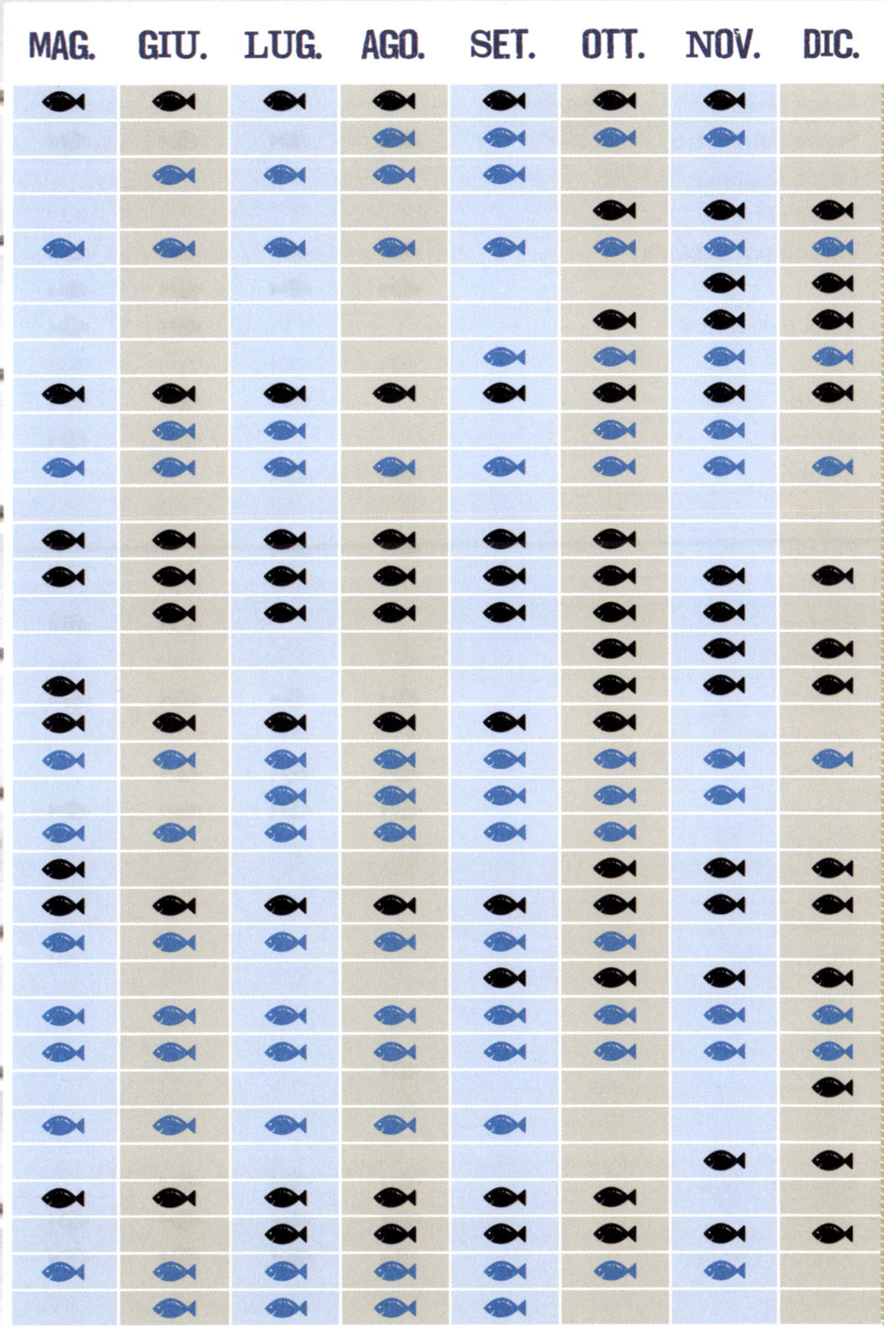
MAG.
GIU.
LUG.
AGO.
SET.
OTT.
NOV.
DIC.

	GEN.	FEB.	MAR.	APR.
Pesce prete				🐟 (blu)
Pesce San Pietro	🐟	🐟	🐟	🐟
Pesce sciabola				
Pesce serra				🐟 (blu)
Pezzogna/occhione	🐟	🐟	🐟	🐟
Polpo	🐟	🐟	🐟	🐟
Rana pescatrice			🐟	🐟
Razza	🐟 (blu)	🐟 (blu)	🐟 (blu)	🐟 (blu)
Riccio		🐟	🐟	🐟
Ricciola			🐟	🐟
Rombo	🐟	🐟		
Salpa				
Sarago	🐟	🐟		
Sardina	🐟 (blu)	🐟 (blu)	🐟 (blu)	
Scampo			🐟	🐟
Scorfano	🐟 (blu)	🐟 (blu)	🐟 (blu)	🐟 (blu)
Seppia	🐟	🐟	🐟	🐟
Sgombro	🐟 (blu)	🐟 (blu)	🐟 (blu)	
Sogliola	🐟	🐟	🐟	
Storione*	🐟	🐟	🐟	🐟
Suacia	🐟 (blu)	🐟 (blu)	🐟 (blu)	🐟 (blu)
Sugarello			🐟 (blu)	🐟 (blu)
Tanuta				
Tombarello				🐟 (blu)
Tonnetto alletterato				
Tordo				
Totano	🐟			
Tracina	🐟 (blu)			
Triglia di sabbia				
Triglia di scoglio	🐟	🐟	🐟	
Trota*	🐟	🐟	🐟	🐟
Vongola verace	🐟	🐟	🐟	🐟
Zerro	🐟 (blu)	🐟 (blu)	🐟 (blu)	🐟 (blu)

🐟 (blu) specie da preferire perché meno sfruttate

* in allevamento

MAG.	GIU.	LUG.	AGO.	SET.	OTT.	NOV.	DIC.
○	○	○	○				
○	○	○	○	○	○		
○	○	○	○	○			
●	●	●	●	●	●		
○	○	○	○	○	○	○	○
●							
●	●	●	●	●	●	●	
					●	●	●
○	○	○	○	○	○		
				●	●	●	
●	●	●					
○	○						
					●	●	●
							○
				●	●	●	●
●	●	●	●	●	●	●	●
○	○	○	○	○	○	○	○
○	○	○	○	○	○	○	
○	○	○	○	○	○	○	
○				○	○		
			●	●	●		
	○	○	○				
							●
							○
				●	●	●	
●	●	●	●	●	●	●	●
			●	●	●	●	●
						○	○

Per questa tabella ringrazio i pescatori Maurizio Acampora, Gianluigi Benatelli, Laura Ferrari, Giuseppe Martelli e Sandro Mascia, Paolo Fanciulli; Davide Petrini, pescatore e cuoco del Pesce pazzo (Varazze); Gennaro Scognamiglio (Unci Pesca).

LA CONSERVAZIONE

Cosa fare una volta che hai portato a casa pesce, molluschi e crostacei freschi appena acquistati? Dipende se intendi cucinarli subito o se preferisci conservarli più a lungo.

In frigorifero

Se sei certo di consumare il pesce entro 8-12 ore, privalo delle eventuali interiora e lavalo accuratamente sotto acqua fredda corrente. Quindi asciugalo con carta da cucina e adagialo su un piatto. Infine, ricoprilo per bene con uno strato di pellicola trasparente e riponilo in frigorifero.

In freezer

Se hai intenzione di conservare il pesce più a lungo, puoi congelarlo. Sappi però che in questo caso il pesce deve essere assolutamente freschissimo e il tuo freezer deve essere a quattro stelle, avere cioè la capacità di scendere a temperature inferiori ai meno 18 °C. Se chiederai informazioni al tuo rivenditore eviterai di sbagliare.

Anche in questo caso, la prima cosa che devi fare è eviscerare il pesce, quindi devi privarlo delle pinne, lavarlo accuratamente sotto acqua fredda corrente e asciugarlo con carta da cucina. Stai molto attento a scegliere il tipo di involucro giusto: ce ne vuole uno perfettamente impenetrabile all'aria, all'umidità e all'odore. Puoi utilizzare un foglio di alluminio oppure un sacchetto da freezer, ricordando di chiuderli ermeticamente dopo aver eliminato tutta l'aria possibile. Il metodo migliore è quello del sottovuoto: ormai le macchine si trovano ovunque, non costano moltissimo e potrai utilizzarle anche per conservare carne, formaggi, frutta, verdura e pane.

La stessa procedura va seguita per congelare molluschi cefalopodi quali seppie, calamari e polpi.

Se decidi invece di congelare molluschi in conchiglia, come cozze e vongole, prima lavali e spazzolali, falli schiudere su fiamma viva in una padella con il coperchio, privali della conchiglia e, una volta raffreddati, mettili negli appositi sacchetti con un po' del liquido di cottura filtrato.

Anche i crostacei vanno preparati prima di essere messi nel congelatore: vanno lavati in acqua e sale, poi sbollentati per qualche minuto, fatti raffreddare e riposti in appositi sacchetti o contenitori.

La durata della conservazione varia a seconda delle diverse specie e dipende dalla percentuale di grasso contenuta. Più i pesci sono grassi, meno a lungo si possono conservare perché tendono a irrancidire. Per esempio, non tenere in freezer per più di due mesi uno sgombro e al massimo tre mesi una sogliola. Per non sbagliare, chiedi informazioni al tuo pescivendolo di fiducia e comunque ricorda di applicare sull'involucro un'etichetta con la data di congelazione. Fai scongelare pesce, crostacei e molluschi in frigorifero, preferibilmente per una notte, e cucinali in giornata. Se lo scongelato è un po' umido, ti conviene asciugarlo con carta da cucina prima di cuocerlo. Anche in questo caso, ricorda di non ricongelare mai il pesce una volta che lo hai scongelato.

COSÌ FA IL CUOCO DI BORDO

Se metto il pesce in un sacchetto di plastica da freezer, posso aiutarmi con una cannuccia per aspirare l'aria in eccesso.

LA PREPARAZIONE ALLA COTTURA

Ed eccoci arrivati a uno dei momenti più temuti da chi si accinge a cucinare pesce, molluschi e crostacei: quello della preparazione alla cottura. Per quanto fastidiosa, questa è una fase fondamentale della cucina di mare e da essa può dipendere la buona riuscita del nostro piatto perché se è vero che siamo stati in grado di acquistare un ottimo ingrediente, è altrettanto vero che con una cattiva pulitura possiamo rovinarlo.

Per il pesce

Per i pesci tondi e quelli piatti una soluzione immediata può essere quella di chiedere aiuto al pescivendolo, ma se fai pratica per un po' poi ti accorgerai di quale soddisfazione si prova nel potersi occupare del più piccolo particolare nella preparazione dei tuoi manicaretti.
Senza contare il fatto che mentre pulirai il pesce avrai modo di verificarne ulteriormente la freschezza.
Sei pronto a cimentarti in una delle sfide più belle della nostra cucina? Leggi le pagine che seguono e armati di pazienza e buona volontà. Insieme ce la faremo!

Sbarbettare

Se il pescivendolo ti dice che il pesce va sbarbettato, non pensare a chissà quale operazione. Intende semplicemente che va privato delle pinne recidendole alla base con l'aiuto di una forbice da cucina robusta o di un coltello utilizzato in controsenso.
Considera che le pinne dorsali trattengono le carni durante la cottura e quindi, nel caso di alcune ricette, non conviene toglierle.

COSÌ FA IL CUOCO DI BORDO
Se il pesce va servito intero, per fare bella figura taglio con la forbice da cucina la coda a forma di V. È una tecnica inglese nota come Vandyking, in onore alla forma dei baffi del pittore fiammingo Anthony Van Dyck (1599-1641).

Squamare

Ci sono pesci che hanno squame grandi e cornee, che devono essere necessariamente squamati. Il metodo migliore per farlo consiste nel tenere il pesce per la coda e nello sfregarne il dorso con la lama di un coltello. Ti consiglio di effettuare questa operazione in una bacinella colma d'acqua o in un lavello piuttosto profondo, per evitare che le squame si spargano ovunque. Non essere troppo energico perché altrimenti rischi di lacerare la pelle e di intaccare la polpa. Puoi evitare di squamare se già sai che il pesce dovrà essere spellato.

COSÌ FA IL CUOCO DI BORDO
Quando ho a che fare con un pesce viscido e difficile da maneggiare, prima di squamarlo lo immergo in un litro d'acqua con un cucchiaio di aceto, lo strofino con le mani e lo asciugo con carta da cucina. Di certo non mi sfuggirà più.

Eviscerare

Eviscerare un pesce significa ripulirlo dalle interiora. Solitamente i pesci piatti vengono eviscerati subito dopo la pesca perché si deteriorano molto facilmente, quindi ti potrà capitare di eviscerare solo pesci tondi. Se la ricetta prevede che dovrai ricavare filetti o diliscare il pesce una volta cotto, dovrai eviscerarlo dal ventre. Se invece devi cucinare il pesce intero o farcirlo, dovrai eviscerarlo dalle branchie. I pesci tondi più piccoli, che non vanno farciti, vengono sempre eviscerati dal ventre.

DAL VENTRE

Aiutandoti con un paio di forbici affilate, taglia il ventre dalla coda alle branchie seguendo la linea mediana. Divarica i lembi e rimuovi le viscere prima in prossimità della coda e poi della testa. Infine, sciacqua il pesce sotto acqua fredda corrente e asciugalo con carta da cucina.

DALLE BRANCHIE

Inserisci il dito indice piegato a uncino nell'opercolo sinistro, posto tra la testa e le branchie, afferra le viscere ed estraile delicatamente. Dopodiché metti il pesce pancia all'aria e con un coltello pratica una piccola incisione alla fine dello stomaco. Quindi inserisci la punta delle dita per estrarre le viscere rimaste. Lava il pesce sotto acqua fredda corrente facendola entrare dalle branchie e uscire dalla coda e continuando a sciacquare finché diventa perfettamente limpida. Infine, asciuga il pesce tamponandolo con carta da cucina.

COSÌ FA IL CUOCO DI BORDO

Se la ricetta prevede il pesce intero, non elimino nemmeno la testa perché questa non solo permette una migliore presentazione della portata ma contribuisce anche a insaporire la pietanza.

Sfilettare

Ci sono diverse tecniche per ridurre il pesce in filetti. Il procedimento da seguire varia da specie a specie ed è strettamente legato alla forma dell'esemplare. Se devi sfilettare un pesce piatto, come il rombo e la sogliola, devi procedere in un modo; se invece hai a che fare con un pesce tondo come il branzino, l'orata o la triglia, devi svolgere altre operazioni. Ti consiglio di utilizzare un coltello ben affilato e dalla lama flessibile.

I PESCI PIATTI

Sistema il pesce sul piano da lavoro con il dorso rivolto verso l'alto e la coda rivolta verso di te. Con il coltello pratica una leggera incisione appena sopra la coda **(foto 1)** e una nei pressi della testa.

Con la punta del coltello separa un lembo di pelle in prossimità della coda. Afferra saldamente la pelle e strappala **(foto 2)**, tirando con decisione verso la testa mentre con l'altra mano blocchi il pesce sul piano da lavoro.

Gira il pesce sull'altro lato e con il coltello pratica di nuovo una leggera incisione sopra la coda. Con la punta del coltello separa un lembo di pelle e poi strappala nello stesso modo in cui lo hai fatto per l'altro lato.

Appoggia di nuovo il pesce sul piano da lavoro e con il coltello incidilo al centro, dalla testa alla coda. Sfruttando l'incisione appena fatta, introduci la lama tra la polpa e la lisca e, facendola procedere quasi parallela al corpo del pesce, separa il primo filetto laterale dalla lisca **(foto 3)**. Con la stessa tecnica incidi anche l'altro filetto laterale.

Stacca per bene la polpa inserendo la lama del coltello tra la lisca e il filetto **(foto 4)**.

Gira il pesce sull'altro lato e ripeti gli ultimi due passaggi per ricavare i due filetti inferiori.

COSÌ FA IL CUOCO DI BORDO

Se incontro difficoltà a spellare il pesce, mi aiuto con un canovaccio in modo da avere una presa migliore.

I PESCI TONDI

Sistema il pesce sul piano da lavoro con la testa rivolta verso di te. Mentre tieni sollevata la pinna laterale, con il coltello incidi in profondità la polpa appena dietro di essa. Devi arrivare a sentire con la lama la lisca dorsale. Quindi ruota la lama per continuare a tagliare in direzione della coda radendo la lisca dorsale **(foto 1)**.

Procedi in direzione della coda staccando la carne con il coltello e sollevando il filetto con le dita **(foto 2)**.

Gira il pesce dall'altro lato e ripeti l'operazione, iniziando a incidere la carne appena sotto la pinna laterale e procedendo poi in direzione della coda.

Poni la lama del coltello obliqua al di sotto delle spine addominali ed eliminale insieme alla parte grassa della pancia **(foto 3)**.

Con l'aiuto di una pinzetta sfila dalla polpa tutte le spine rimaste **(foto 4)**.

Se devi spellare il filetto, con il coltello incidilo all'estremità più stretta. Introduci la lama tra la polpa e la pelle e stacca un lembo di quest'ultima. Con una mano afferralo saldamente e con l'altra continua a far scorrere la lama tra polpa e pelle per separarle definitivamente **(foto 5)**.

COSÌ FA IL CUOCO DI BORDO

Il pesce tondo va spellato dopo essere stato sfilettato. Io cerco sempre di spellarlo con molta cautela, altrimenti rischio di lasciare troppa polpa attaccata alla pelle.

Tranciare

Alla preparazione in tranci si prestano i pesci tondi di grandi dimensioni dalla carne più compatta, come il pesce serra o i tonnetti, oppure i serpentiformi, come le anguille, le murene e il pesce sciabola. Dopo averli eviscerati e privati di testa e coda, non ti rimane che tagliarli in parti più o meno uguali per ricavare le porzioni che ti occorrono.

COSÌ FA IL CUOCO DI BORDO

Come cucinare i tranci di pesce? Io mi sbizzarrisco cuocendoli semplicemente in forno, in padella o in pentola oppure impanandoli o farcendoli con gli ingredienti che preferisco.

Per i molluschi

In conchiglia

La pulitura varia a seconda del tipo di mollusco con cui hai a che fare. Sappi però che talvolta il guscio delle cozze va ripulito con una spazzola a setole dure, mentre le vongole non ne hanno bisogno. Dalle cozze elimina anche il bisso, ovvero la barbetta che sporge tra le valve e serve al mollusco per ancorarsi alle rocce, ed eventuali ciuffi di alghe.

Sciacqua le conchiglie sotto acqua corrente fredda e nel caso che le vongole – così come i murici, le lumachine e le telline – non siano state spurgate bene prima della vendita, mettile a bagno in acqua e sale per almeno mezz'ora. In questo modo fuoriuscirà tutta l'eventuale sabbia.

A questo punto non ti rimane che far schiudere i molluschi: mettili in un tegame con il coperchio su fuoco moderato e scuotilo di tanto in tanto in modo che il vapore si distribuisca uniformemente. Tutte le conchiglie che rimangono chiuse vanno eliminate.

Se devi aprire i molluschi a crudo, introduci un coltellino all'estremità appuntita delle valve ed elimina il legamento che le unisce.

COSÌ FA IL CUOCO DI BORDO

Il liquido che i molluschi lasciano sul fondo del tegame è molto saporito quindi non lo butto mai. Dopo averlo filtrato con un colino a maglie strettissime o un canovaccio, posso utilizzarlo per rendere più gustoso il mio piatto.

Cefalopodi

Devi vedertela con un mollusco cefalopode di grosse o piccole dimensioni? Sembrerà una domanda strana, ma dalla risposta dipende quello che devi fare per prepararlo alla cottura nel modo migliore.
Se devi cucinare seppie, calamari, totani, polipetti o piccoli moscardini e la ricetta richiede che siano spellati, questa è la prima cosa che devi fare. Dopodiché estrai l'osso, che è duro e piatto nella seppia, trasparente e cartilagineo nei calamari e nei totani. Con un coltellino elimina il becco (rostro), che si trova al centro dei tentacoli, e gli occhi. Tenendo la sacca con una mano, con l'altra tira i tentacoli in modo da far uscire anche le interiora ed eliminale. Infine lava accuratamente il mollusco sotto acqua fredda corrente.

COSÌ FA IL CUOCO DI BORDO
Quando estraggo le interiora della seppia, presto attenzione a non rompere la vescichetta nera dell'inchiostro. Come vedremo, il nero può essere utilizzato nella preparazione di diversi piatti.

Se devi preparare un polpo o un moscardino di grosse dimensioni, rivolta la sacca attraverso l'apertura che si trova tra i tentacoli e il corpo ed elimina le interiora. Quindi riporta la sacca nella posizione originale ed elimina rostro e occhi. Infine procedi con la spellatura.

COSÌ FA IL CUOCO DI BORDO
Per ammorbidire la carne del polpo, lo tengo in freezer mezza giornata. In questo modo i legamenti cedono e sarà più facile da cucinare e ancora più piacevole da gustare.

Per i crostacei

Prima della cottura sciacqua i crostacei sotto acqua fredda corrente. Quando li devi sgusciare, con l'aiuto di una forbice affilata incidi il carapace ai lati (es. canocchia) o al centro (es. gamberi, mazzancolle) e le zampe; elimina il filo intestinale e asporta la polpa. Queste operazioni si possono praticare sia con i crostacei crudi sia dopo averli sbollentati.

COSÌ FA IL CUOCO DI BORDO
I crostacei devono cuocere poco. Quando preparo piatti misti, li metto in pentola per ultimi, poco prima di spegnere la fiamma. Altrimenti la polpa diventa gommosa.

IL PESCE CRUDO

Alcuni sostengono che è solo una questione di tendenze alimentari, ma diciamoci la verità: come fai a non mangiare pesce crudo quando davanti ai tuoi occhi si presenta una deliziosa tartare di tonnetto esaltata da una strepitosa maionese al pomodoro? Oppure come fai a resistere davanti a un piatto di orata punteggiata dal verde dei kiwi e dal rosso delle fragole? Senza contare che esiste una gran varietà di piatti tradizionali del Mediterraneo in cui il pesce appena pescato viene mangiato crudo o semplicemente marinato.

Attenzione all'Anisakis!

Il pesce crudo è un cibo squisito, che però è bene consumare con le dovute accortezze. Già, perché esiste un genere di parassiti, molto diffuso soprattutto negli esemplari di pesce azzurro, che può provocare disagi non irrilevanti quando viene malauguratamente ingerito dall'uomo. Si chiama Anisakis *(Anisakis simplex)*, vive nell'intestino di varie specie marine (mammiferi, crostacei, molluschi e numerosi pesci) ed è anche visibile a occhio nudo per chi è esperto. Se si mangia pesce infettato dalle larve di Anisakis, si può sviluppare un'infezione del tratto gastrointestinale nota con il nome di Anisakidosi, che solitamente si manifesta con violenti dolori addominali, diarrea, nausea e vomito fino ai casi più gravi di blocco intestinale.

Cosa scegliere

Questo, però, non significa che tutti i piatti a base di pesce crudo siano pericolosi. Indubbiamente ci sono delle specie ittiche (pesce sciabola, sgombro, rana pescatrice, pesce spada, lampuga, tonno, sardina, acciuga, nasello e merluzzo) più soggette di altre all'attacco di Anisakis ed è quindi opportuno prestare particolare attenzione nei loro confronti.
Ciò detto, ci sono precauzioni da prendere: eviscerare il pesce fresco il più presto possibile, congelarlo e mantenerlo a una temperatura di meno 20 °C per almeno 24 ore, temperatura che solo i freezer a quattro stelle riescono a sostenere.
Attenzione, però: se non hai il freezer adatto per poterlo congelare non è detto che tu debba rinunciare a un buon piatto di pesce crudo. Devi semplicemente chiedere al pescivendolo se il pesce che ti vende è stato "abbattuto", ovvero messo in una specie di "supercongelatore" – l'abbattitore per l'appunto – che abbassa in tempi rapidissimi la temperatura del pesce uccidendo i parassiti.

IL BRODO DI PESCE

Vuoi dare ancora più sapore di mare ai tuoi piatti di pesce? Allora quando devi preparare il brodo non accontentarti dei soliti dadi di preparazione industriale, ma ritagliati un po' di tempo per fare un buon brodo di pesce casalingo. Ti assicuro che non è affatto difficile, anzi. Ti bastano una pentola, un po' d'acqua, qualche ortaggio, sale, olio extravergine e naturalmente il pesce o i suoi scarti.

Quali ingredienti usare

Generalmente per preparare il brodo vengono usati piccoli pesci da zuppa perché sono molto economici: non sarebbe saggio sacrificare una bella ricciola, ma se dopo aver cucinato ti avanzasse la testa e la spina centrale potresti usarle per rendere il tuo brodo ancora più gustoso. Anche qualche gambero o un paio di canocchie ne intensificherebbero il sapore, arricchendolo con il loro inconfondibile aroma di crostacei.
Se non hai il tempo di metterti subito ai fornelli e vuoi usare le lische del pesce, puoi tranquillamente congelarle. Nel momento in cui prepari il brodo, accertati però che siano completamente scongelate. Alcuni cuochi amano aggiungere anche ortaggi come, per esempio, patate, carote, pomodori e sedano, coprendo così un poco il sapore del pesce.

Come prepararlo

In una pentola capiente fai soffriggere in olio extravergine d'oliva uno spicchio d'aglio e una cipolla tritata.
Aggiungi i pesci e/o le lische e dopo qualche minuto versa una presa di sale e acqua calda in quantità variabile a seconda del tipo di brodo che desideri preparare: un brodo delicato deve essere più diluito, uno saporito più ristretto. Dopo 40-50 minuti di cottura a fiamma media, il brodo sarà pronto. Lo potrai quindi filtrare con un colino cinese o un canovaccio.

Come conservarlo

Il brodo di pesce può essere congelato nelle vaschette per i cubetti di ghiaccio. Dopo averlo fatto raffreddare bene e averlo filtrato, versalo negli scomparti e riponi in freezer. Quando i cubetti sono completamente gelati, trasferiscili in un apposito sacchetto di plastica, legalo ermeticamente e mettilo nuovamente in freezer. Li puoi congelare fino a un massimo di tre mesi, non in eterno, quindi ricorda di apporre un'etichetta con la data di congelazione. Al momento dell'utilizzo, questi cubetti di brodo possono essere aggiunti direttamente alla pietanza in cottura.

IL VINO

Stai preparando un delizioso piatto a base di pesce e non sai proprio con quale vino portarlo in tavola? Non disperare, con qualche piccolo trucco tutti possiamo imparare a scegliere il vino giusto. Quel che è certo è che abbinare il vino al pesce non deve essere mai una regola, ma un piacere. Senza entrare nel merito delle etichette, perché ognuno ha i propri gusti, voglio darti qualche dritta che io stessa seguo per non sbagliare.

Cosa valutare

I parametri che tengo in considerazione sono principalmente due: il tipo di cottura e il contenuto in grassi del pesce che utilizzo.

Quanto al tipo di cottura ricorda che:

- quella al vapore, che esalta la delicatezza del pesce, deve essere abbinata a un vino bianco secco, di media struttura con profumi di frutta e fiori;
- quella alla griglia o le insalate di mare che presentano un gusto intenso e ricco di sapori mediterranei richiedono vini bianchi morbidi, caldi, strutturati con un buon bouquet floreale;
- le zuppe di pesce ricche di aromi, che le rendono abbastanza strutturate, si adattano benissimo a vini bianchi anche maturi, di buona struttura oppure rosati e persino rossi perché poco tannici e deboli di corpo.

Non posso, infine, tralasciare i molluschi e il pesce servito crudo con cui è possibile abbinare ottimi spumanti o champagne.

In base al contenuto in grassi del pesce, puoi abbinare un vino di media struttura, di corpo, aromatico oppure secco; una sogliola sarà molto più magra di un'anguilla e quindi, anche a seconda del tipo di cottura, necessiterà di un vino giovane e meno strutturato. Al contrario, nelle sue diverse preparazioni, l'anguilla potrà essere sostenuta da un vino più strutturato e aromatico.

Se a tavola ti accorgerai che cibo e vino sono uno al servizio dell'altro senza sovrastarsi, vorrà dire che sei riuscito a ottenere un abbinamento perfetto!

ANTIPASTI

Piccoli grandi piatti,
perfetti per un invito,
prendono gli ospiti per la gola
e predispongono il palato
per le portate successive.
Semplici per preparazione
e ricchi di gusto,
sanno rendere speciale
anche un pasto quotidiano

ITALIA

DIFFICOLTÀ

45 min.

DA PROVARE ANCHE CON

tutti i tipi di pesce bianco adatti alla cottura in forno

FAGOTTINI TROTA E VERZA

INGREDIENTI PER 4 PERSONE

• 150 g di polpa di trota salmonata (o normale) • 230 g di pasta sfoglia (1 sfoglia rettangolare pronta) • 100 g di verza • 2 scalogni • aglio • olio extravergine • sale

1. Soffriggo gli scalogni. Affetto gli scalogni a rondelle e li metto in una padella a soffriggere a fuoco vivace con un filo d'olio. Quindi allungo con un goccio d'acqua e aggiungo un pizzico di sale. Metto il coperchio, abbasso la fiamma e continuo la cottura per altri 5 minuti.

2. Faccio appassire le verze. In un'altra padella soffriggo uno spicchio d'aglio in camicia schiacciato con un filo d'olio. Quindi aggiungo la verza tagliata a listarelle con un goccio d'acqua e lascio appassire a fuoco dolce, eventualmente allungando sempre con acqua.

3. Inizio a farcire i fagottini. Taglio la sfoglia di pasta a rettangoli con i lati di 8 centimetri per 5. Li sistemo sul piano da lavoro e al centro di ognuno adagio un po' di listarelle di verza.

4. Completo e inforno. Con un coltello riduco la polpa di trota a cubetti e ne sistemo 2-3 su ogni rettangolo di pasta sfoglia. Aggiungo un po' di scalogno soffritto e richiudo la pasta a fagottino, sigillando bene i bordi con le dita. Quindi metto a cuocere in forno preriscaldato a 210 °C per 20 minuti circa, fino a quando la pasta sfoglia appare dorata. Sforno, lascio raffreddare, impiatto e servo.

CHE PESCI PIGLIARE

Quando assaggerai questi fagottini, ti renderai conto della bontà della trota salmonata. Contrariamente a quanto si può pensare, la trota salmonata non è una specie a sé stante, ma è una comunissima trota d'allevamento nutrita con crostacei e farine derivate, che conferiscono alle sue carni il caratteristico colore roseo, simile a quello del salmone. Rispetto al suo lontano parente è però molto meno grassa e anche più economica.

ITALIA

DIFFICOLTÀ ★★

35 min.

DA PROVARE ANCHE CON
scampi
mazzancolle

GAMBERI SU CREMA DI PATATE AL NERO

INGREDIENTI PER 4 PERSONE

• 180 g di gamberi (12 crostacei) • 12 fette di pancetta (o lardo) • 1 rametto di rosmarino • olio extravergine
Per la crema di patate: • 1 patata grossa • 4 g di nero di seppia • 1 scalogno (o mezza cipolla bianca) • brodo vegetale • mezzo bicchiere di latte (facoltativo) • olio extravergine

1. Preparo la crema di patate. In una padella soffriggo nell'olio lo scalogno tritato, quindi aggiungo la patata a tocchetti e allungo con il brodo fino a sommergerli di 3 dita. Se gradisco, unisco anche il latte. Continuo la cottura per circa 20 minuti. Poi lascio raffreddare, quindi riduco in crema con un frullatore a immersione. Dopo aver suddiviso la crema in 2 ciotole, in una aggiungo il nero di seppia.

2. Amalgamo il nero. Con un cucchiaio mescolo la crema nella ciotola in cui ho aggiunto il nero fino a ottenere un composto di colore omogeneo.

3. Preparo i gamberi. Privo i gamberi del carapace e del filo intestinale, lasciando però attaccata la testa. Quindi ne avvolgo la coda con le fette di pancetta e poi li sistemo in padella con un filo d'olio, insaporendo con un rametto di rosmarino tritato.

4. Faccio rosolare. Accendo la fiamma e lascio rosolare per qualche minuto, fino a quando le fette di pancetta diventano belle croccanti. Quindi prendo 4 piatti piani e su ciascuno stendo prima un letto di crema di patate, sistemo 3 gamberi e completo decorando con ghirigori di crema al nero.

IL MARE DA AMARE

Quando acquisto i gamberi, controllo sempre che provengano dai nostri mari o, almeno, dal Mediterraneo. Evito infatti di comprare crostacei provenienti dal Sudest asiatico, non solo perché non sono freschissimi ma anche perché spesso gli allevamenti vengono costruiti radendo al suolo migliaia di chilometri quadrati di foreste di mangrovia e, quindi, interi ecosistemi. Oltretutto, tagliare mangrovie significa privarsi di radici e fusti legnosi che agiscono da barriera naturale contro l'impetuosità di mareggiate, uragani e tsunami.

COZZE GRATINATE SAPORITE

ITALIA

DIFFICOLTÀ

35 min.

INGREDIENTI PER 4 PERSONE

• 1,6 kg di cozze (1 ottantina di molluschi) • 150 g di pangrattato • 20 pomodorini • 2 cucchiai di formaggio grattugiato • 1 mazzetto misto di erbe aromatiche tritate (prezzemolo, basilico, salvia, rosmarino) • prezzemolo tritato • olio extravergine • sale e pepe

1. Apro le cozze. Dopo aver eventualmente spazzolato per bene le valve e aver eliminato il bisso, apro le cozze con un coltello: faccio leva sulla giuntura in rilievo all'estremità appuntita della conchiglia, infilo la lama tra le valve percorrendo 3 quarti del perimetro del mollusco e le separo, avendo cura di non romperle. Dopodiché stacco la polpa e la ricolloco in un angolo della valva. Infine, sistemo le cozze aperte su una teglia, appoggiandole dalla parte della conchiglia.

2. Preparo il ripieno. In una ciotola mescolo le foglie tritate degli aromi con il formaggio, il pangrattato, i pomodorini tagliati a dadini, un pizzico di sale, una macinata di pepe e un filo d'olio.

3. Farcisco le cozze. Riempio tutte le conchiglie con il ripieno appena preparato, accertandomi di mettere dadini di pomodorino in tutti i gusci, e le risistemo sulla teglia nella posizione iniziale.

4. Inforno. Dopodiché metto le cozze a gratinare in forno preriscaldato a 200 °C per 5-6 minuti. Sforno, spolvero di prezzemolo tritato, impiatto e servo.

COSÌ FA IL CUOCO DI BORDO

Vuoi gratinare le cozze ripiene alla perfezione? Basta valutare la coloritura della superficie, che deve essere dorato intenso e non arrivare al marrone. La crosticina serve solo per proteggere l'interno, impedendogli di disseccarsi e mantenendolo morbido e fragrante, e non deve formarsi troppo presto altrimenti arriverebbe a bruciarsi mentre l'interno cuoce. Il trucco sta nel tenere le cozze nella parte bassa del forno fino a 2 terzi del tempo di cottura, spostandole poi al piano più alto.

POLPETTE DI SARDE ALL'UVETTA

ITALIA

DIFFICOLTÀ

30 min.

DA PROVARE ANCHE CON acciughe

INGREDIENTI PER 4 PERSONE

• 220 g di sarde fresche (4-5 pesci) • 1 uovo • 25 g di mollica di pane • pangrattato • 5 g di uvetta sultanina • 5 g di pinoli • 5 g di formaggio grattugiato • 1 manciata di prezzemolo tritato • latte (anche di riso o di soia) • olio d'arachidi • sale e pepe

1. Trito le sarde. Dopo aver pulito e diliscato tutte le sarde, le sciacquo sotto l'acqua corrente e con la mezzaluna le trito finemente.

2. Preparo il composto. Ammollo la mollica di pane nel latte e la strizzo, trasferendola in una ciotola capiente. Qui aggiungo il prezzemolo, i pinoli tagliati grossolanamente, l'uvetta, il formaggio grattugiato, un cucchiaio di pangrattato, l'uovo, una presa di sale e una macinata di pepe. Amalgamo fino a ottenere un composto omogeneo, modello le polpette e le passo nel pangrattato.

3. Friggo le polpette. In un'ampia padella dai bordi alti, scaldo abbondante olio d'arachidi. Quindi metto a friggere le polpette e, a mano a mano che sono cotte, con una schiumarola le trasferisco su un piatto rivestito di carta da cucina per far assorbire l'olio in eccesso. Dopodiché le sistemo sul piatto da portata, spolvero di sale e porto in tavola.

IL PIATTO CAMBIA ROTTA

Vuoi servire queste polpette come secondo per 2 persone? Abbinale al sugo: soffriggi uno spicchio d'aglio nell'olio extravergine, aggiungi 300 g di pomodori pelati, fai restringere, regola di sale e fai cuocere per 15 minuti. Sentirai che bontà!

ITALIA

DIFFICOLTÀ

20 min.

DA PROVARE ANCHE CON sardine

SALVIA FRITTA CON ACCIUGHE

INGREDIENTI PER 4 PERSONE

• 80 g di acciughe (8 pesci) sotto sale (o sott'olio) • 32 grandi foglie di salvia • 2 uova • olio d'arachidi

1. Pulisco le acciughe. Se uso le acciughe sotto sale, le raschio delicatamente con il dorso di un coltello per eliminare i granelli. Dopodiché le pulisco con carta da cucina, le privo della coda, le apro a metà e le spino, quindi le sciacquo sotto acqua corrente. Se uso quelle sott'olio, le scolo per bene, elimino la coda, le apro a metà e le spino. In entrambi i casi devo ottenere 16 filetti perfettamente puliti.

2. Passo la salvia nell'uovo sbattuto. Lavo le foglie di salvia e le asciugo con carta da cucina. In una ciotola sbatto le uova, quindi inizio a preparare le foglie immergendone una alla volta nell'uovo.

3. Farcisco la salvia. Sistemo un filetto di acciuga sulla foglia appena immersa nell'uovo sbattuto ed esercito una leggera pressione per far aderire bene.

4. Ripasso nell'uovo sbattuto. Sovrappongo un'altra foglia di salvia già immersa nell'uovo sbattuto al filetto d'acciuga a mo' di panino, quindi esercito una leggera pressione per far aderire bene le 2 foglie. Infine, ripasso un'ultima volta nell'uovo sbattuto. Ripeto l'operazione con tutte le foglie e i filetti disponibili.

5. Friggo. In una padella dai bordi alti scaldo abbondante olio d'arachidi, quindi tuffo le foglie di salvia ripiene e lascio cuocere fino a perfetta doratura. Dopodiché trasferisco su un piatto rivestito da carta da cucina per far assorbire l'olio in eccesso. Sistemo su un piatto da portata e servo.

CHE PESCI PIGLIARE

Conosci il trucco per scegliere le migliori acciughe sott'olio o sotto sale? Se non puoi permetterti il lusso di acquistarle direttamente dai pescatori, comprane di volta in volta la quantità necessaria in pescheria, attingendo alle grosse confezioni aperte, metodo che permette di controllare a occhio aspetto e caratteristiche del prodotto. Le acciughe di questi contenitori hanno di certo un sapore migliore rispetto a quello delle acciughe nelle scatolette o nelle boccette in vendita al supermercato.

FRANCIA

DIFFICOLTÀ

35 min.

DA PROVARE ANCHE CON
fasolari
gamberetti

VOL-AU-VENT DI MARE

INGREDIENTI PER 24 VOL-AU-VENT

• 1 kg di cozze (1 cinquantina di molluschi) • 1 kg di vongole (1 settantina di molluschi) • 24 vol-au-vent • 4 cucchiai di emmenthal grattugiato • 300 g di besciamella • 1 bicchiere di vino bianco • olio extravergine

1. Apro, sguscio e cuocio i molluschi. Se necessario, spazzolo le cozze. Quindi le lavo con le vongole e le metto ad aprire in una padella con il coperchio assieme a un filo d'olio su fuoco moderato, scuotendo di tanto in tanto per far distribuire uniformemente il vapore. Le sguscio e, se ne è rimasta qualcuna chiusa, la scarto. Dalle cozze elimino l'eventuale bisso e poi filtro il liquido di cottura con un canovaccio. Rimetto i molluschi in padella con un filo d'olio, li faccio saltare per un paio di minuti, sfumo con il vino bianco, aggiungo 2 cucchiai del liquido filtrato e continuo la cottura finché il sughetto si restringe.

2. Preparo il ripieno. Trasferisco i molluschi saltati in un'ampia ciotola, li irroro con un cucchiaio del liquido di cottura, quindi amalgamo con il formaggio grattugiato e la besciamella per ottenere un composto omogeneo.

3. Inforno i vol-au-vent. Con un cucchiaio farcisco tutti i vol-au-vent con il ripieno e, a mano a mano, li trasferisco su una teglia rivestita di carta da forno. Quindi li metto a cuocere in forno preriscaldato a 180 °C per 10 minuti circa. Sforno, lascio intiepidire, trasferisco in un piatto da portata e servo.

COSÌ FA IL CUOCO DI BORDO

Qual è la besciamella ideale per questo piatto? Io la preparo così: in un pentolino antiaderente faccio sciogliere 50 g di burro, aggiungo 50 g di farina e mescolo subito e velocemente con una frusta manuale. Quando burro e farina sono ben amalgamati, aggiungo lentamente e a filo 400 ml di latte a temperatura ambiente. Regolo di sale e, sempre mescolando con la frusta, lascio cuocere a fuoco molto dolce fino a 3-4 minuti dal bollore.

ITALIA

DIFFICOLTÀ

50 min.

SARDE A BECCAFICO

INGREDIENTI PER 4 PERSONE

• 800 g di sarde fresche (1 dozzina di pesci) • 1 arancia biologica • il succo di 1 limone • qualche foglia d'alloro • prezzemolo tritato • olio extravergine • sale e pepe

Per il ripieno: • 50 g di uvetta sultanina • 50 g di pinoli • 10 cucchiai di pangrattato • il succo di 2 arance • aglio • prezzemolo tritato • olio extravergine • sale e pepe

1. Pulisco le sarde. Pulisco tutte le sarde, evitando di staccar loro la coda, e poi le sciacquo per bene sotto l'acqua corrente.

2. Preparo il ripieno. In una ciotola metto uno spicchio d'aglio tritato finemente e privato dell'anima con tutti gli ingredienti del ripieno tranne il succo d'arancia. Quindi mescolo con un cucchiaio, aggiungo il succo e mescolo di nuovo.

3. Farcisco le sarde. Sistemo sul piano da lavoro una sarda con la pelle rivolta verso il basso. Dopodiché prendo un po' di ripieno, modello una pallina e ve la sovrappongo. Quindi avvolgo la sarda attorno al ripieno, partendo dall'estremità più larga e dandogli la caratteristica forma dell'uccelletto, con la coda del pesce all'insù. Procedo farcendo tutte le sarde in questo modo.

4. Le cuocio in padella. Taglio l'arancia biologica a fette spesse circa un centimetro e, senza privarle della buccia, le sistemo in un'ampia padella. Su ognuna metto una foglia d'alloro e, sopra di essa, una sarda ripiena. Condisco con un filo d'olio, il succo di limone, sale e pepe e poi metto a cuocere finché il succo è completamente assorbito. Quindi trasferisco le sarde sul piatto da portata, completo con un filo d'olio, spolvero con il prezzemolo tritato e servo.

IL PIATTO CAMBIA ROTTA

Di questa ricetta siciliana esistono tante versioni. Molto spesso le sarde vengono infornate: dopo averle farcite, si mettono in una pirofila con olio e succo di limone zuccherato e si fanno cuocere a 180 °C per 20-30 minuti.

CARCIOFI CRUDI CON BOTTARGA

ITALIA

DIFFICOLTÀ

10 min.

DA PROVARE ANCHE CON bottarga di tonno

INGREDIENTI PER 4 PERSONE

• 30 g di bottarga di muggine • 1 carciofo • mezzo limone biologico • olio extravergine

1. Taglio e immergo il carciofo in acqua acidulata. Mondo il carciofo togliendo gambo, filamenti e parti più dure. Quindi lo taglio a metà per il lungo, privandolo della barbetta interna, e poi lo riduco a fettine sottilissime. Dopodiché le immergo in acqua acidulata con il succo del limone.

2. Affetto la bottarga. Affetto la bottarga per ricavarne lamelle in numero uguale a quello delle fettine di carciofo. Quindi scolo queste ultime e le sistemo su un piatto da portata.

3. Sovrappongo le fettine e condisco. Su ogni fettina di carciofo metto una lamella di bottarga, quindi completo il piatto con un filo d'olio.

NOTE DI SAPORE

La bottarga di muggine è molto delicata e viene apprezzata anche da chi non ama il forte sapore della ben più nota bottarga di tonno. Molto diffusa in Sardegna, la bottarga di muggine si prepara anche in altre zone costiere del Mediterraneo, dalla Provenza alla Tunisia, dove viene chiamata *bottargo*. Si ottiene dalle uova di cefalo salate, pressate e stagionate per 4-5 mesi. Le fettine vanno consumate subito, ma la bottarga intera avvolta in un foglio d'alluminio può restare in frigo per mesi.

ITALIA

DIFFICOLTÀ

30 min. + riposo

DA PROVARE ANCHE CON
tutti i tipi di pesce bianco tranne nasello e serpentiformi
gamberi

NIGIRI CON TROTA AFFUMICATA

INGREDIENTI PER 35 POLPETTINE

• 350 g di polpa di trota salmonata affumicata • salsa di soia
Per il riso: • 300 g di riso originario (o giapponese) • 5 cucchiaini d'aceto di mele
Per la salamoia: • 5 cucchiaini d'aceto di mele • 1 cucchiaio di zucchero • 1 cucchiaio di sale

1. Preparo il riso. Metto il riso in una ciotola e per eliminare l'amido lo risciacquo fino a quando l'acqua risulta perfettamente limpida. Dopodiché lo metto ad asciugare per un'ora ben disteso su un tagliere. Quindi lo trasferisco in una pentola antiaderente, aggiungo l'aceto di mele e acqua fredda a sufficienza da sommergerlo di un dito. Metto il coperchio, accendo la fiamma e lascio cuocere per 10 minuti. A cottura ultimata, lascio riposare per altri 15 minuti. Nel frattempo, con un coltello taglio la polpa di trota a fettine sottili.

2. Lo sgrano con la salamoia. Appena il riso si è intiepidito, lo trasferisco in un ampio tegame e lo sgrano con un mestolo di legno aggiungendo la salamoia, che ho precedentemente preparato facendo sciogliere in un pentolino a fuoco dolce sale e zucchero con l'aceto di mele.

3. Modello le polpettine. Con le mani inumidite, compatto le polpettine dando loro la caratteristica forma ovale. Quindi ricopro ogni polpettina con una fettina di trota, esercitando una leggera pressione con le dita per far aderire bene il pesce al riso. Sistemo i nigiri su un ampio piatto da portata e li servo con una ciotolina piena di salsa di soia.

COSÌ FA IL CUOCO DI BORDO

Ti assicuro che questa mia rivisitazione in chiave italiana del nigiri non ha proprio nulla da invidiare al piatto giapponese, anzi: usando la trota salmonata affumicata, ottima sostituta del salmone, puoi proporla anche a chi non ama il pesce crudo! Questi nigiri si preparano senza alcuna difficoltà e con ingredienti facilmente reperibili nel nostro Paese. Per assaporarli al meglio, ti consiglio di non aspettare troppo a lungo prima di mangiarli.

ITALIA

DIFFICOLTÀ

35 min.

CANOCCHIE RIPIENE AL FORNO

INGREDIENTI PER 4 PERSONE

• 8 grosse canocchie • 3 zucchine • 2 pomodorini • pangrattato • olio extravergine • sale e pepe
Per il ripieno: • 2 uova • formaggio grattugiato • pangrattato • prezzemolo tritato • aglio • olio extravergine • sale e pepe

1. Pulisco le canocchie. Dopo aver lavato le canocchie, con una forbice robusta le privo delle "spine" laterali e delle alette. Quindi su ogni canocchia pratico un'incisione centrale per tutta la lunghezza del dorso.

2. Preparo il ripieno e farcisco. In una ciotola metto uno spicchio d'aglio tritato, le uova, 7 cucchiai di formaggio grattugiato, 7 cucchiai di pangrattato, una presa di sale, un pizzico di pepe, una manciata di prezzemolo tritato e un filo d'olio. Quindi amalgamo con un cucchiaio per ottenere un composto omogeneo e abbastanza morbido. Dopodiché riempio le canocchie: con le mani infilo il ripieno nell'incisione praticata sul dorso, allargandone i lembi.

3. Inforno. Su una teglia rivestita di carta da forno sistemo le canocchie con il dorso verso l'alto. Aggiungo un filo d'olio, spolvero di pangrattato e poi inforno a 180 °C per 20 minuti circa.

4. Salto le verdure. Pulisco le zucchine e le grattugio a julienne, quindi affetto i pomodorini. Salto in padella tutte le verdure con un filo d'olio fino a farle appassire leggermente e poi le condisco con un pizzico di sale e una macinata di pepe. Infine, impiatto sistemando sul letto di verdure le canocchie ripiene.

IL PIATTO CAMBIA ROTTA

Le canocchie ripiene sono buonissime anche cotte in umido. Per 8 canocchie preparo un sugo mettendo a cuocere a fuoco moderato 300 g di pelati spezzettati con un filo d'olio, uno spicchio d'aglio tritato, qualche fogliolina di maggiorana, una manciata di prezzemolo tritato e una presa di sale. Nel frattempo, pulisco e farcisco le canocchie. Dopodiché le aggiungo nella padella del sugo e continuo la cottura con il coperchio per una trentina di minuti.

COZZE RIPIENE DI SGOMBRO

ITALIA

DIFFICOLTÀ

50 min.

INGREDIENTI PER 4 PERSONE

• 500 g di cozze (24 grossi molluschi) • 400 g di pomodori pelati • aglio • prezzemolo tritato • olio extravergine • sale

Per il ripieno: • 60 g di sgombro sott'olio sgocciolato (3 filetti) • 100 g di mortadella • 2 uova • 4 cucchiai di pangrattato • 4 cucchiai di formaggio grattugiato • olio extravergine

1. Preparo il ripieno. Trito finemente la mortadella e la trasferisco in una ciotola. Aggiungo le uova, il pangrattato, il formaggio grattugiato, lo sgombro sminuzzato e un filo d'olio. Quindi amalgamo fino a ottenere un composto omogeneo. Se necessario, spazzolo le cozze, quindi le lavo, tolgo il bisso e le metto ad aprire in una padella con il coperchio insieme a uno spicchio d'aglio e un filo d'olio su fuoco moderato, scuotendo di tanto in tanto per far distribuire uniformemente il vapore. Se ne rimane qualcuna chiusa, la elimino. Quindi filtro il liquido di cottura con un canovaccio.

2. Riempio le cozze. Con il composto appena preparato, riempio le conchiglie delle cozze. Per richiuderle, posso legarle con lo spago da cucina oppure premere con il palmo delle mani. Dopodiché preparo il sugo: in un'ampia padella metto a soffriggere uno spicchio d'aglio nell'olio, quindi aggiungo il prezzemolo tritato e i pomodori pelati. Regolo di sale e continuo la cottura per 15 minuti.

3. Le aggiungo al sugo. Adagio le cozze nella pentola con il sugo, aggiungo il liquido filtrato e lascio cuocere con il coperchio e a fuoco dolce per 10 minuti. Dopodiché tolgo il coperchio e continuo la cottura per altri 10 minuti, versando il sugo sulle conchiglie e tra una valva e l'altra. Sistemo le cozze su un piatto da portata e servo.

IL MARE DA AMARE

La cozza si nutre di microrganismi che assorbe filtrando l'acqua. In un'ora può arrivare a filtrarne circa 2 litri quindi è indispensabile che sia allevata o colta in acque pulite perché tende ad assorbire tutte le impurità. Per questo motivo, non compero mai cozze di cui non conosco l'origine e comunque evito di mangiarle crude. Inoltre, non mi faccio mai ingannare dalla grandezza: sui nostri mercati, soprattutto nei mesi invernali, si trovano cozze spagnole di grandi dimensioni che però non sono né saporite né fresche come quelle pescate nei mari italiani.

SANDWICH DI SARDE

ITALIA

DIFFICOLTÀ

30 min.

DA PROVARE ANCHE CON acciughe

INGREDIENTI PER 4 PERSONE

• 480 g di sarde fresche (12 pesci) • farina tipo 00 • olio d'arachidi
Per il ripieno: • 3-4 cucchiai di formaggio grattugiato • 3-4 cucchiai di pangrattato • 1 uovo • olio extravergine • sale e pepe

1. Pulisco le sarde. Privo le sarde della testa, quindi le eviscero e le apro a libro. Lasciandole unite per la coda, elimino la lisca e la pinna dorsale. Quindi le lavo e le metto a scolare aperte in uno scolapasta.
2. Preparo il ripieno. In una ciotola verso tutti gli ingredienti del ripieno, aggiungendo per ultimo l'uovo, e amalgamo con una forchetta per ottenere un composto piuttosto compatto.
3. Farcisco le sarde. Prendo una sarda, con un cucchiaio spalmo un po' di ripieno sul lato della polpa, quindi ricopro con un'altra sarda lasciando la pelle all'esterno. Esercito una leggerissima pressione per compattare e ottenere una specie di panino. Continuo in questo modo per accoppiare tutte e 12 le sarde.
4. Infarino e friggo. In una pentola scaldo abbondante olio d'arachidi, quindi tuffo le sarde precedentemente infarinate. A mano a mano che sono cotte, con una schiumarola le trasferisco su un piatto rivestito di carta da cucina per far assorbire l'olio in eccesso. Posso servirle subito, ma sono buone anche gustate tiepide.

IL MARE DA AMARE

Anche la sarda è un pesce azzurro molto diffuso nel Mediterraneo. Assieme alle aringhe – che però sono tipiche dei mari freddi – e alle acciughe, le sarde costituiscono un terzo del pescato a livello globale. Se queste 3 specie dovessero sparire, l'economia di molti Paesi ne risentirebbe. Fortunatamente, al momento nessuna soffre di una pesca eccessiva, data anche la loro straordinaria prolificità. Quindi possiamo consumarle senza il timore di danneggiare l'ambiente, bensì con un grande vantaggio per il portafoglio e la salute.

ARANCINI AL NERO DI SEPPIA

ITALIA

DIFFICOLTÀ

45 min. + riposso

DA PROVARE ANCHE CON
calamari
totani

INGREDIENTI PER 4 PERSONE

• 200 g di seppie (2 molluschi medi) • 200 g di riso originario (o baldo) • 1 uovo • mezza cipolla bianca (o gialla) • 3 cucchiai di pangrattato • 3 cucchiai di farina di mais • mezzo bicchiere di vino bianco • olio d'arachidi • olio extravergine • sale

Per il brodo: • 1 costa di sedano • 1 cipolla • 1 carota • sale *oppure* • 1 dado biologico

1. Rosolo le seppie. Preparo il brodo: in una pentola metto 1 litro d'acqua, le verdure e un cucchiaio abbondante di sale. Dall'ebollizione faccio cuocere 30 minuti. In alternativa, sciolgo il dado nella stessa quantità d'acqua. Pulisco le seppie tenendo da parte la sacca del nero e le taglio a striscioline. Soffriggo la cipolla affettata nell'olio extravergine e poi rosolo le seppie per un minuto.

2. Cuocio il risotto. Aggiungo il riso e faccio tostare. Sfumo con il vino e, quando è evaporato, allungo con il brodo bollente. Continuo a farlo al bisogno e rimesto. In ultimo, aggiungo il nero, regolo di sale e mescolo. Poi metto il risotto su un tagliere ad asciugare.

3. Friggo gli arancini. Amalgamo il risotto all'uovo e modello gli arancini. Li passo nel pangrattato e nella farina di mais appena mischiati e poi li friggo in abbondante olio d'arachidi bollente.

COSÌ FA IL CUOCO DI BORDO

Se, dopo averlo lasciato sul tagliere, il risotto risulta ancora molliccio, aggiungo 1-2 cucchiai di pangrattato prima di modellare gli arancini.

INSALATA DI CALAMARI

ITALIA

DIFFICOLTÀ

20 min.

DA PROVARE ANCHE CON
seppie
totani

INGREDIENTI PER 2 PERSONE

• 300 g di calamari (3 molluschi medi) • 10 g di mandorle a lamelle • olio extravergine • sale
Per il pesto: • 60 g di foglioline di basilico fresco • 6 cucchiai di parmigiano reggiano grattugiato • 2 cucchiai di pecorino grattugiato • 2 cucchiai di pinoli • aglio • mezzo bicchiere scarso di olio extravergine • sale grosso

1. Pulisco e taglio i calamari. Afferro tentacoli e corpo di un calamaro e sfilo delicatamente i primi, facendo fuoriuscire anche le interiora. Pulisco il ciuffo di tentacoli da occhi e viscere, poi elimino il rostro e le parti più coriacee. Inserendo pollice e indice nel sacco, individuo la penna e la estraggo. Spello il sacco e lo lavo per bene sotto acqua corrente. Ripeto il procedimento anche con gli altri calamari. Una volta puliti tutti, li taglio a rettangoli.

2. Li rosolo e preparo il pesto. In una padella verso un filo d'olio. Quando è ben caldo, metto a cuocere i calamari a fuoco vivace per 4-5 minuti. Appena prima di spegnere la fiamma, regolo di sale. Mentre i calamari si intiepidiscono, preparo il pesto: nel bicchiere del mixer metto basilico, formaggio, pinoli, mezzo spicchio d'aglio, l'olio e qualche grano di sale grosso, quindi aziono e procedo a scatti per ottenere un composto omogeneo.

3. Tosto le mandorle e impiatto. In una padella antiaderente tosto le lamelle di mandorla, senza aggiungere alcun condimento, fino a quando non dorano. Dopodiché impiatto: stendo un letto di pesto, sistemo i calamari al centro e distribuisco qua e là le lamelle di mandorla tostate. Servo subito, in modo che i calamari non si raffreddino troppo.

IL PIATTO CAMBIA ROTTA

L'insalata di calamari è un piatto dai mille volti. D'estate amo prepararla anche con la frutta: taglio i calamari a listarelle, li condisco con olio e sale, li salto in padella e poi li unisco a fragoline di bosco (o fragole), fettine di mela non sbucciata, foglioline di rucola e un trito di pistacchi non salati né tostati. In altre parole, la delicatezza dei calamari fa sposare l'amarognolo della rucola con la dolcezza della frutta e ne ricavo un piatto di sicuro successo!

GRECIA

DIFFICOLTÀ

40 min. + riposo

COZZE RIPIENE DI RISO PILAF

INGREDIENTI PER 4 PERSONE

• 1 kg di cozze (1 cinquantina di molluschi) • olio extravergine
Per il riso pilaf: • 200 g di riso basmati • 1 cipolla gialla • 25 g di burro (1 cucchiaio e mezzo) • olio extravergine • pepe

1. Apro le cozze. Se necessario, spazzolo le cozze. Quindi le lavo, tolgo il bisso e le metto ad aprire in una padella con il coperchio insieme a un filo d'olio su fuoco moderato, scuotendo di tanto in tanto per far distribuire uniformemente il vapore. Se ne rimane qualcuna chiusa, la scarto. Tolgo la polpa dalle conchiglie e la tagliuzzo grossolanamente, ricordando di tenere da parte le valve. Infine, filtro il liquido di cottura con un canovaccio.

2. Appassisco la cipolla. In una casseruola faccio sciogliere il burro in un filo d'olio extravergine. Quindi metto ad appassire la cipolla tagliata finemente a rondelle.

3. Cuocio il riso. Quando la cipolla è ben appassita e trasparente, aggiungo il riso e mescolo bene con un mestolo di legno. Quando il chicco di riso è lucido, allungo con il liquido di cottura delle cozze filtrato, quindi aggiungo acqua calda fino a un totale di 400 ml circa. Spolvero con una macinata di pepe, metto il coperchio e lascio sobbollire per 20 minuti circa.

4. Lo faccio raffreddare. Al giusto punto di cottura, spengo la fiamma e metto il riso in una ciotola a raffreddare. Quindi unisco le cozze tagliuzzate e mescolo bene.

5. Riempio le conchiglie. Riempio generosamente le conchiglie delle cozze con il riso pilaf, assicurandomi che ci siano pezzetti di polpa in ogni conchiglia. Sistemo su un piatto da portata e servo.

COSÌ FA IL CUOCO DI BORDO

Il trucco per far riuscire alla perfezione questo piatto greco sta nel cucinare un ottimo riso pilaf, preparazione di origine turca comune in diversi Paesi del Mediterraneo, soprattutto in quelli del Medioriente. Per fare in modo che i chicchi a grana lunga restino perfettamente separati, ricorda che la quantità di riso deve essere esattamente la metà di quella del liquido in cui cuoce. A fine cottura, il liquido deve essere completamente assorbito dal riso.

SARDE IN SAOR

ITALIA

DIFFICOLTÀ ✶✶

40 min. + riposo

DA PROVARE ANCHE CON gamberi

INGREDIENTI PER 4 PERSONE

• 500 g di sarde fresche (1 decina di pesci) • 3 cipolle bianche • farina fiore • aceto di vino bianco • olio extravergine • olio d'arachidi • sale e pepe

1. Cuocio le cipolle. In una padella metto a soffriggere le cipolle, affettate a rondelle non troppo sottili, in un filo d'olio extravergine. Dopo qualche minuto aggiungo l'aceto, una presa di sale, un po' di pepe e abbondante acqua. Lascio cuocere per circa 15 minuti a fuoco moderato, quindi trasferisco in un piatto.

2. Pulisco le sarde. Con le mani stacco la testa delle sarde, apro il ventre procedendo verso la coda ed estraggo le viscere. Non elimino né lisca né coda. Infine, le sciacquo bene sotto l'acqua corrente.

3. Le friggo. Passo le sarde nella farina, le scuoto per togliere quella di troppo, quindi le friggo in abbondante olio d'arachidi bollente. A mano a mano che sono cotte, le trasferisco su un piatto rivestito di carta da cucina per far assorbire l'olio in eccesso.

4. Preparo gli strati. In una pirofila sistemo un primo strato di cipolle, ricopro con le sarde fritte e procedo in questo modo fino a esaurimento degli ingredienti, premurandomi che il pesce rimanga ben coperto dall'ultimo velo di cipolle. Unisco tutto il sugo rimasto, copro e metto a marinare in luogo fresco per almeno 24 ore.

IL PIATTO CAMBIA ROTTA

Dopo aver affettato le cipolle con la mandolina, le sistemo direttamente in teglia. Le ricopro con uno strato di sarde diliscate e aperte a libro. Spolvero con un po' di sale, un cucchiaio di pinoli e una manciata di uvetta sultanina. Quindi irroro con un'emulsione preparata con un bicchiere di vino bianco, aceto, olio extravergine, sale e pepe. Infine, completo con un'abbondante dadolata di pomodoro e metto a cuocere in forno preriscaldato a 180 °C.

FRITTATA DI VONGOLE

INGREDIENTI PER 4 PERSONE

• 180 g di vongole (1 quindicina di molluschi) • 6 uova • prezzemolo tritato • olio extravergine

1. Apro e sguscio le vongole. Lavo le vongole e le metto ad aprire in una padella con il coperchio assieme a un filo d'olio a fuoco moderato, scuotendo di tanto in tanto per far distribuire uniformemente il vapore. Le sguscio e, se ne è rimasta qualcuna chiusa, la scarto.

2. Le unisco alle uova. In una ciotola rompo le uova e con una forchetta le sbatto quel tanto che basta per amalgamare i tuorli agli albumi. Unisco le vongole, il prezzemolo tritato e amalgamo fino a ottenere un composto omogeneo.

3. Cuocio la frittata. In una padella antiaderente scaldo un filo d'olio e verso il composto. Lascio cuocere a fuoco vivace finché il fondo si rapprende, copro con un coperchio senza bordi, ribalto la padella e poi faccio scivolare la frittata dal coperchio alla padella. Lascio cuocere in modo uniforme anche sull'altro lato. Spengo la fiamma, trasferisco su un piatto da portata, taglio a pezzetti e servo.

COSÌ FA IL CUOCO DI BORDO

Dopo aver aperto le vongole, non buttarne via il liquido! Filtralo con un canovaccio, mettilo nella vaschetta per il ghiaccio e congelalo così puoi conservarlo anche un mese. Adatto a tante preparazioni, è ottimo nei primi a base di pesce. Non solo per un buon piatto di pasta, ma anche di risotto: aggiungilo al brodo durante la cottura e sentirai che bontà!

ITALIA

DIFFICOLTÀ

20 min.

DA PROVARE ANCHE CON tutti i molluschi in conchiglia

ITALIA

DIFFICOLTÀ

15 min.

DA PROVARE ANCHE CON
cavalla
palamita
tombarello
tonnetto

PANZANELLA DI MARE

INGREDIENTI PER 4 PERSONE

• 300 g di sgombro eviscerato (1 pesce) • 2 acciughe dissalate e diliscate • 100 g di friselle (4 dischi) • 50 g di olive verdi • 1 cucchiaio di capperi sotto sale • aceto bianco • olio extravergine • sale
Per la salsa verde (facoltativa): • 1 acciuga sotto sale • mezzo cucchiaio di pinoli • mezzo cucchiaino di capperi sotto sale (o sott'aceto) • 1 mazzetto di prezzemolo • aglio • 1 cucchiaio d'aceto • olio extravergine

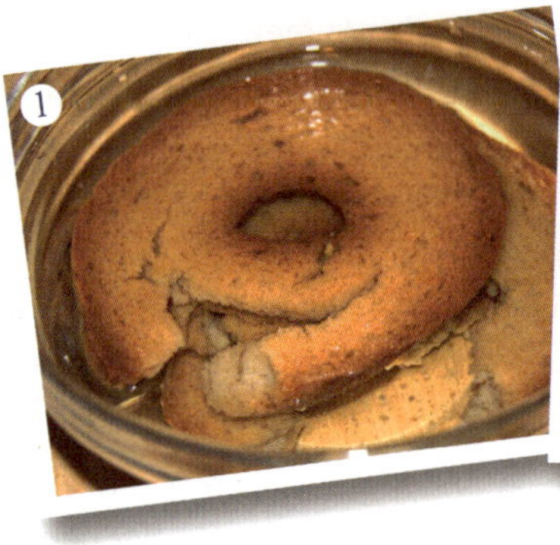

1. Ammorbidisco le friselle. Riempio una ciotola d'acqua, aggiungo un cucchiaino di aceto bianco e metto in ammollo le friselle per qualche minuto.

2. Le sbriciolo e lesso lo sgombro. Scolo le friselle, le sbriciolo e le trasferisco in una zuppiera. Dopodiché preparo il pesce: lo metto a lessare in una pentola con acqua e sale, lasciando cuocere per 10 minuti dal momento dell'ebollizione. Quindi lo sfiletto, lo privo delle lische e lo spello.

3. Aggiungo gli altri ingredienti. Alle friselle sbriciolate unisco le acciughe dissalate e diliscate, le olive snocciolate e sminuzzate, i capperi e la polpa dello sgombro spezzettata. Dopodiché, se gradisco, preparo la salsa verde, tritando col mixer il prezzemolo, uno spicchio d'aglio, un'acciuga sotto sale, i pinoli, i capperi e aggiungendo aceto e olio per ottenere un composto semiliquido. Condisco la panzanella con un filo d'olio, aggiungo un po' di salsa verde e mescolo delicatamente. Posso servire la salsa verde anche in una ciotolina a parte.

CHE PESCI PIGLIARE

L'acciuga e lo sgombro sono tra i più degni rappresentanti del "pesce azzurro", definizione che designa molte specie accomunate dalla colorazione bluastra delle squame sul dorso e argentata sul ventre. Diffusi nei mari italiani e dunque non costosi, questi pesci hanno il grande vantaggio di contenere Omega 3 e Omega 6, acidi grassi insaturi che aiutano a prevenire le malattie cardiocircolatorie.

ITALIA

DIFFICOLTÀ

25 min.

DA PROVARE ANCHE CON
tutti i molluschi in conchiglia

BRUSCHETTE ALLE COZZE

INGREDIENTI PER 2 PERSONE

• 300 g di cozze (1 quindicina di molluschi) • 120 g di pane (4 fette di filone) • aglio • prezzemolo tritato • olio extravergine

1. Apro le cozze. Se necessario, spazzolo le cozze. Le lavo, tolgo il bisso e le metto ad aprire in una padella con il coperchio insieme a un filo d'olio su fuoco moderato, scuotendo di tanto in tanto per far distribuire uniformemente il vapore. Elimino quelle rimaste chiuse e privo tutte le altre della conchiglia. Quindi filtro il liquido di cottura con un canovaccio.

2. Le condisco. In una ciotola metto le cozze sgusciate con mezzo spicchio d'aglio tritato, mezzo cucchiaio di prezzemolo tritato, 6 cucchiai del liquido di cottura filtrato e un filo d'olio. Quindi mescolo per far insaporire bene. Se preferisco un sapore d'aglio meno persistente, non lo trito, lo lascio semplicemente in infusione per qualche minuto e poi lo tolgo.

3. Preparo le bruschette. Con la punta di un coltello, pratico al centro di ogni fetta di pane una piccola cavità prelevando un po' di mollica. Quindi la riempio, sistemando su ogni fetta qualche cozza e irrorando con il condimento delle stesse.

4. Inforno. Sistemo le bruschette su una teglia e metto a cuocere in forno preriscaldato a 180 °C per 15 minuti circa, ovvero fino a quando le bruschette diventano dorate. Sforno, impiatto e servo.

NOTE DI SAPORE

Cozze, muscoli, muscioli, peoci che dir si voglia, una cosa è certa: i *mitili* sono veramente gustosi! Non a caso, sono i molluschi più usati nella tradizione gastronomica italiana. Quando li cucini, puoi sbizzarrirti: lessati, al pomodoro, alla marinara, ripieni, in zuppe, come base di sughi per pasta o riso... nella cucina di tutte le regioni di mare la cozza è una star!

ITALIA

DIFFICOLTÀ

35 min.

DA PROVARE ANCHE CON sarde

ACCIUGHE RIPIENE

INGREDIENTI PER 4 PERSONE

• 240 g di acciughe fresche (1 dozzina di pesci) • 1 uovo • pangrattato • olio d'arachidi

Per il ripieno: • 100 g di gamberetti rosa (1 quindicina di crostacei) • mezza zucchina • prezzemolo tritato (facoltativo) • aglio • olio extravergine • sale e pepe

1. Pulisco acciughe e gamberetti. Eviscero e dilisco le acciughe, lasciando il filetto superiore attaccato a quello inferiore e non togliendo la coda. Pulisco i gamberetti e li trito.

2. Cuocio la zucchina. Affetto la mezza zucchina a dadini piccolissimi. In una padella con un filo d'olio rosolo uno spicchio d'aglio in camicia. Dopo averlo eliminato, aggiungo i dadini di zucchina, sale e pepe. Quindi li salto per qualche minuto.

3. Farcisco le acciughe. In una ciotola preparo il ripieno: amalgamo i dadini di zucchina con i gamberetti e, se gradisco, un ciuffo di prezzemolo tritato. Quindi spalmo un po' di ripieno su ogni acciuga, che richiudo su se stessa.

4. Impano e friggo. Passo le acciughe ripiene prima nell'uovo sbattuto e poi nel pangrattato. Le scuoto del pangrattato in eccesso e le friggo in abbondante olio d'arachidi bollente. A mano a mano, le trasferisco su un piatto rivestito di carta da cucina per far assorbire l'olio in eccesso. Impiatto e servo.

IL MARE DA AMARE

Se mangiare acciughe non crea problemi al Mediterraneo, altrettanto non si può dire del loro novellame. Pescare bianchetti – ovvero i piccoli di acciughe e sarde – significa privare il mare nostrum di pesciolini che invece devono diventare adulti per potersi riprodurre. Per questo motivo, la pesca dei bianchetti è stata vietata in tutta Europa. Talvolta, il divieto è però disatteso anche a livello regionale, quindi il nostro atteggiamento di consumatori responsabili è fondamentale.

RÖSTI DI PESCE

INGREDIENTI PER 4 PERSONE

• 100 g di polpa di pesce avanzato • 3 patate piccole • 10 g di pinoli • 1 uovo • olio extravergine • sale e pepe

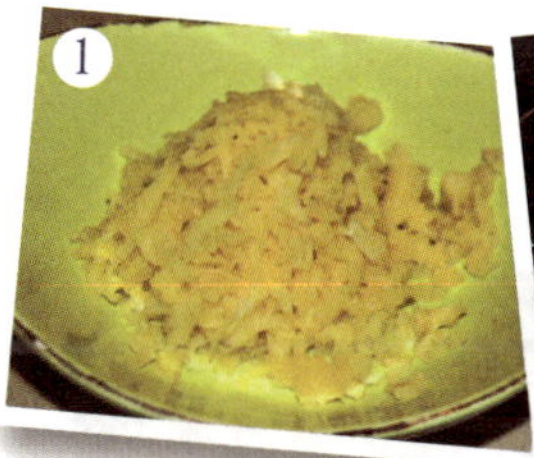

1. Cuocio le patate e le grattugio a julienne. Verso 2 dita d'acqua nella pentola a pressione, inserisco l'apposito cestello e vi sistemo le patate intere sbucciate. Metto la pentola sulla fiamma e, da quando fuoriesce il vapore, faccio cuocere per 10 minuti. In alternativa, le lesso con la buccia per 15-20 minuti e poi le spello. Quindi le grattugio a julienne.

2. Preparo il composto. In una ciotola amalgamo la polpa di pesce spezzettata e i pinoli con l'uovo sbattuto, un pizzico di sale e una macinata di pepe.

3. Cuocio il rösti. In una padella verso un filo d'olio e, quando è ben caldo, metto a cuocere il composto. Con un cucchiaio lo livello per ottenere una specie di frittata. Lascio cuocere a fuoco medio, controllando la cottura. Quando intravvedo la crosticina del lato inferiore, ribalto e concludo la cottura. Impiatto e porto in tavola.

NOTE DI SAPORE

Per caso a pranzo ti è avanzato un filetto di pesce? Ecco la ricetta ideale per riproporlo a cena comunque tu lo abbia cucinato. La cosa curiosa è che questa mia idea nient'altro è che la rivisitazione di un piatto tipico della Svizzera, Paese che non si affaccia sul mare. Ennesima prova di come il pesce sappia rendere tutto più gustoso!

ITALIA

DIFFICOLTÀ

25 min.
con la pentola
a pressione

35 min.
senza la pentola
a pressione

DA PROVARE ANCHE CON
tutti gli avanzi di pesce

POLPETTE DI POLPO ALL'ISTRIANA

CROAZIA

DIFFICOLTÀ

1 ora

DA PROVARE ANCHE CON
moscardino
seppie

INGREDIENTI PER 4 PERSONE

• 1 kg di polpo • 150 g di mollica di pane • 2 uova • latte • mezza cipolla • farina tipo 00 • noce moscata • 1 ciuffo di prezzemolo • aglio • olio d'arachidi • olio extravergine • sale e pepe

1. Trito il polpo. Rovescio la sacca del polpo e ne elimino le interiora, senza separarla dai tentacoli. Risistemo la sacca nella posizione originale e con un coltello elimino gli occhi e il rostro. Dopodiché lavo per bene il polpo e lo cuocio in acqua bollente salata per 40 minuti al massimo. Quindi lo spello e lo trito finemente.

2. Lo aggiungo al soffritto. In una pentola alta soffriggo nell'olio extravergine la cipolla tagliata a rondelle sottili, uno spicchio d'aglio e le foglie di prezzemolo. Quindi spengo la fiamma e aggiungo subito il polpo, che lascio insaporire.

3. Amalgamo il composto. In una ciotola verso latte quanto basta da poter ammollare la mollica di pane. Quindi la immergo, la strizzo e la trasferisco nella stessa pentola del polpo senza accendere la fiamma. Aggiungo un uovo, una macinata di pepe, regolo di sale, spolvero di noce moscata e amalgamo bene fino a ottenere un composto il più possibile omogeneo.

4. Preparo le polpette. Con una forchetta sbatto l'uovo rimasto in un piatto. In un altro verso un po' di farina. Modello le polpette di polpo, quindi le passo prima nella farina e poi nell'uovo. Dopodiché le friggo in abbondante olio d'arachidi bollente. A mano a mano che sono pronte, le trasferisco in un piatto rivestito di carta da cucina per far assorbire l'olio in eccesso. Impiatto e servo.

COSÌ FA IL CUOCO DI BORDO

L'usanza di cucinare il pesce in polpette è molto diffusa in tutto il Mediterraneo ed è anche un metodo astuto per renderlo gradito a chi non lo ama, come per esempio i bambini, che spesso mangiano solo i bastoncini. Attenzione, però: non tutti i pesci sono adatti a questa preparazione a causa delle tante lische. Oltre ai molluschi cefalopodi, sono ideali i pesci a carne bianca compatta (come dentice, ricciola, lampuga, pesce serra, leccia); il pesce azzurro, che spesso ha lische minuscole e innocue; i grandi pesci d'alto mare (come la palamita), dalle carni compatte e sode.

PEZZOGNA AI TRE SAPORI

ITALIA

DIFFICOLTÀ

20 min.

DA PROVARE ANCHE CON
branzino, dentice, leccia, orata, palamita, ricciola, tombarello, tonnetto

INGREDIENTI PER 4 PERSONE

• 400 g di polpa di pezzogna • farina di grano tenero e di semola (o di mais) • scorza di limone e arancia rossa biologici • sale
Per i cubotti all'aceto balsamico: • 60-80 g di burro (3-4 cucchiai) • 6-8 cucchiai d'aceto balsamico
Per i cubotti al limone: • 60-80 g di burro (3-4 cucchiai) • 4 cucchiai di succo di limone
Per i cubotti all'arancia: • 60-80 g di burro (3-4 cucchiai) • 8 cucchiai di succo d'arancia rossa

1. Taglio la polpa del pesce. Mi accerto che nella polpa del pesce non siano rimaste spine ed eventualmente la ripulisco per bene con l'aiuto di una pinzetta. Dopodiché con un coltello la taglio a cubotti, tutti più o meno della stessa dimensione.

2. Impano i cubotti. In un piatto verso farina di grano tenero e farina di semola (o di mais) in parti uguali e mescolo. Divido i cubotti di pesce in tre gruppi di uguale quantità e poi li passo nella farina, impanandoli uniformemente.

3. Cuocio i cubotti all'aceto balsamico. In una padella faccio sciogliere il burro e salto il primo gruppo di cubotti, quindi aggiungo l'aceto balsamico e salto ancora un po'. Dopodiché metto i cubotti da parte.

4. Cuocio i cubotti al limone. Faccio sciogliere di nuovo il burro in padella, salto il secondo gruppo di cubotti, quindi aggiungo il limone e salto ancora un po'. Quindi metto anche questi cubotti da parte.

5. Cuocio i cubotti all'arancia. Faccio sciogliere gli ultimi 3-4 cucchiai di burro in padella, salto il terzo gruppo di cubotti, quindi aggiungo 8 cucchiai di succo d'arancia rossa e salto ancora un po'. Infine, su ogni piatto che porterò in tavola sistemo ben distanziati 3 gruppetti di pesce, uno per ogni sapore, guarnisco con filetti di scorza di limone e d'arancia e regolo di sale.

CHE PESCI PIGLIARE

Non è un caso se, tra i tanti nomi regionali della *pezzogna*, c'è anche quello di *occhione*: i suoi grandi occhi sembrano volerti parlare! Diffuso nel Mediterraneo occidentale, in Italia questo pesce viene pescato da gennaio a novembre. Sempre ottimo cotto alla griglia, quando è grosso è buonissimo anche lessato e accompagnato da una salsa. Puoi anche prepararlo al forno, alla marinara in bianco o in umido col pomodoro oppure metterlo in zuppe di pesce. Insomma, hai di che sbizzarrirti!

ANTIPASTI DI PESCE CRUDO

Piatti veloci e curiosi
ci fanno assaporare
la freschezza del mare
in tutta la sua leggerezza.
Assoluto protagonista
o abbinato a frutta e verdura,
il pesce crudo
viene esaltato
nel pieno del suo sapore

ANTIPASTI DI PESCE CRUDO

TARTARE DI TONNETTO IN ROSSO

ITALIA

DIFFICOLTÀ

20 min.

DA PROVARE ANCHE CON
palamita
tombarello

INGREDIENTI PER 2 PERSONE
(porzioni abbondanti)

• 900 g di tonnetto (4-5 tranci) • timo • olio extravergine • sale e pepe
Per la maionese: • 3 pomodori medi • 1 cucchiaio di succo di limone • paprica • 150 ml d'olio extravergine • sale e pepe

1

2

1. Preparo la maionese. Pelo i pomodori, li privo dei semi e li tagliuzzo. Dopodiché li metto nel bicchiere del mixer assieme al succo di limone, un pizzico di paprica, sale e pepe. Aziono a intervalli e aggiungo 150 ml d'olio a più riprese. Ottenuta la maionese al pomodoro, la metto in una ciotola e la lascio riposare per qualche minuto.

2. Condisco il tonnetto. Mentre la maionese di pomodoro riposa, con un coltello riduco i tranci di tonnetto in cubetti molto piccoli e li trasferisco in una ciotola. Quindi li irroro con un filo d'olio, aggiungo un pizzico di timo, spolvero con sale e pepe e mescolo con un cucchiaio.

3. Inizio a impiattare. Su un piatto piano verso un letto di maionese al pomodoro e al centro colloco il coppapasta, che andrò a riempire con i cubetti di polpa conditi. Se non ne ho uno a disposizione, posso crearlo avvolgendo in un foglio d'alluminio una larga striscia di cartoncino richiusa ad anello e fissata con il nastro adesivo.

4. Modello la tartare. Trasferisco nel coppapasta i cubetti di polpa conditi, avendo cura di compattarli bene con un cucchiaio. Quindi tolgo il coppapasta con delicatezza, facendo attenzione a non smontare la tartare. Dopodiché procedo a preparare le altre 3 porzioni, versando su ogni piatto il letto di maionese al pomodoro e montandovi sopra la tartare con il coppapasta. Infine, porto in tavola.

IL MARE DA AMARE

Perché mangiare tonno rosso, sempre più raro e costoso, quando il Mediterraneo ci offre gustose alternative? Il tonnetto più diffuso nel Mediterraneo è quello alletterato, con macchie dorsali simili a segni di scrittura, ma c'è anche quello striato, con 4 o 5 strisce longitudinali su ventre e fianchi. A differenza del tonno rosso, il tonnetto è più economico, è sempre fresco e italiano ed è ottimo crudo, alla griglia e in umido.

ITALIA

DIFFICOLTÀ

25 min.

DA PROVARE ANCHE CON sarde

CROSTINO ACCIUGHE E GUACAMOLE

INGREDIENTI PER 4 PERSONE

• 150 g di acciughe marinate (1 decina di pesci) • 500 g di pane (1 quindicina di fette di filone) • 3 pompelmi

Per la salsa guacamole: • 1 avocado • mezzo limone (o lime) • mezzo peperoncino • 2 cucchiate di polpa di pomodoro • mezzo cucchiaino di cumino • olio extravergine • sale e pepe

1. Preparo la salsa guacamole. Sbuccio l'avocado, tolgo il nocciolo e con il mixer riduco la polpa in purea. In una ciotola metto la purea e tutti gli altri ingredienti della salsa. Amalgamo bene e lascio riposare.
2. Preparo i crostini. Metto le fette di pane in forno preriscaldato a 180 °C e le sforno quando sono dorate. Sbuccio i pompelmi, li divido in spicchi e li privo della pelle. Sfornati i crostini, li spalmo di salsa guacamole e li sistemo su un piatto. Su ogni crostino metto anche mezza fetta di pompelmo.
3. Completo con le acciughe. Completo il piatto sistemando su ogni crostino qualche filetto d'acciuga marinata.

COSÌ FA IL CUOCO DI BORDO

Questo piatto esalta la bontà delle acciughe marinate. Vuoi marinarle a casa? Puliscile e sistemale a strati alternandole a un'emulsione preparata con mezzo bicchiere d'olio, 2 cucchiai d'aceto di vino bianco, il succo di 2 limoni, uno spicchio d'aglio e un mazzetto di prezzemolo tritati, sale e pepe. Poi lascia riposare 5 ore. Tieni presente che la marinatura non elimina i parassiti, quindi ricorda di comprare acciughe adatte a essere consumate crude ovvero che siano state abbattute.

PALAMITA AL PESTO IN TARTARE

ITALIA

DIFFICOLTÀ

20 min.

DA PROVARE ANCHE CON
tombarello
tonnetto

INGREDIENTI PER 4 PERSONE

•400 g di palamita (2 tranci) • 60 g di foglie di basilico • 10 g di pinoli • aglio • mezzo bicchiere d'olio extravergine • sale

1. Preparo il pesto. Nel bicchiere del mixer metto le foglie di basilico lavate e asciugate, i pinoli, mezzo spicchio d'aglio privato dell'anima, l'olio extravergine e una presa di sale, quindi riduco in pesto.

2. Modello la tartare. Taglio il trancio di palamita a cubetti. Posiziono il coppapasta al centro di un piatto piano, lo riempio con i cubetti di palamita, avendo cura di compattarli bene con un cucchiaio.

3. Completo i piatti. Completo i piatti spalmando sulla tartare qualche cucchiaiata di pesto, quindi tolgo il coppapasta con delicatezza e infine preparo le altre 3 porzioni. Sempre con il pesto decoro i piatti e porto in tavola.

NOTE DI SAPORE

Nata come tecnica di preparazione della carne cruda, la *tartare* oggi è sempre più utilizzata anche per presentare il pesce in piatti freschi e leggeri. A differenza del carpaccio, che prevede fettine sottili, nella tartare gli ingredienti sono tagliati grossolanamente. Si narra che la tartare sia stata inventata dai popoli nomadi dell'Asia centrale – i *tartari*, per l'appunto – che nei loro spostamenti usavano mettere pezzi di carne delle bestie abbattute tra la sella e il dorso del cavallo per macinarli.

CARPACCIO DI SEPPIE

ITALIA

DIFFICOLTÀ

40 min.

DA PROVARE ANCHE CON
calamari
totani

INGREDIENTI PER 4 PERSONE

• 500 g di seppie (3-4 molluschi medi) • 2-3 finocchi • 4-5 gambi di sedano • 1 limone • 5-6 cubetti di ghiaccio • olio extravergine • sale e pepe

1. Mondo e taglio il sedano. Pulisco i gambi di sedano privandoli delle foglie e dello strato verde in superficie. Quindi con un pelapatate ne riduco la parte centrale a striscioline, che immergo per 20 minuti in acqua e cubetti di ghiaccio.

2. Pulisco e taglio le seppie. Afferro tentacoli e corpo di una seppia e sfilo delicatamente i primi, facendo fuoriuscire anche le interiora. Pulisco il ciuffo di tentacoli da occhi e viscere, poi elimino il rostro e le parti più coriacee. Inserendo pollice e indice nel sacco, individuo l'osso e lo estraggo. Infine, lavo per bene sotto acqua corrente. Una volta pulite tutte le seppie, le taglio a striscioline sottilissime e le lascio riposare per 5 minuti in una ciotola con il succo del limone spremuto.

3. Taglio e condisco i finocchi. Dopo aver mondato i finocchi, con la mandolina li riduco a rondelle sottilissime. Quindi le metto in una ciotola assieme alle striscioline di sedano scolato e condisco con un filo d'olio extravergine, un pizzico di sale e una macinata di pepe.

4. Impiatto. Su un piatto piano sistemo un coppapasta. Quindi lo riempio con uno strato di sedano e finocchi e uno di seppie, che nel frattempo ho scolato e condito con un filo d'olio extravergine, un pizzico di sale e una macinata di pepe. Compatto con un cucchiaio e poi tolgo il coppapasta con delicatezza. Dopodiché procedo a preparare le altre 3 porzioni.

IL PIATTO CAMBIA ROTTA

Le seppie crude tagliate a fettine sono buonissime anche semplicemente condite con succo di limone, una macinata di pepe ed eventualmente un filo d'olio extravergine. Il periodo migliore per pescare (e gustare) questo mollusco cefalopode – ovale, appiattito e contornato da una sottile pinna con 10 tentacoli (8 più corti e 2 assai più lunghi) – va da gennaio ad aprile e da ottobre a dicembre.

ITALIA

DIFFICOLTÀ

15 min.

DA PROVARE ANCHE CON
tutti i tipi di pesce bianco adatti al crudo

FRUTTA SU LETTO DI ORATA

INGREDIENTI PER 4 PERSONE

• 400 g di polpa di orata • 2-3 fragole • 1 kiwi • mezzo limone • 5 cucchiai d'olio extravergine • sale e pepe

1. Affetto la polpa dell'orata. Controllo che nella polpa non siano rimaste spine e, se necessario, la ripulisco per bene con una pinzetta. Quindi la taglio in diagonale a fette larghe e sottili, che sistemo su un piatto piano.

2. Aggiungo le fragole. Privo le fragole del picciolo e le lavo velocemente, quindi le taglio a dadini. Dopodiché li distribuisco sulle fette d'orata.

3. Aggiungo il kiwi e completo. Lavo, sbuccio e riduco anche il kiwi a dadini, quindi li distribuisco sul piatto. Infine, completo con un'emulsione preparata in una ciotolina mescolando con la frusta l'olio extravergine, il succo del mezzo limone spremuto, un pizzico di sale e una macinata di pepe.

COSÌ FA IL CUOCO DI BORDO

Se vuoi aggiungere un tocco di classe in più a questo piatto comunque buonissimo, usa un olio extravergine leggero e aromatizzato agli agrumi. Questa ricetta ci consente di scoprire uno dei modi più originali di preparare l'orata, che è un pesce straordinariamente versatile dal punto di vista gastronomico. Infatti è gustosissima non solo cruda, ma anche cotta alla griglia, in forno, al cartoccio, in umido e in guazzetto!

GAMBERI ROSSI CON MOUSSE

ITALIA

DIFFICOLTÀ

20 min.

DA PROVARE ANCHE CON
scampi

INGREDIENTI PER 4 PERSONE

• 8 gamberi rossi • 4 asparagi • 200 g di ricotta di capra • 5 cucchiai di latte • 1 bustina di zafferano • olio extravergine • sale e pepe

1. Cuocio gli asparagi. Sbollento gli asparagi in acqua bollente, li scolo quando sono morbidi e poi li condisco con un filo d'olio extravergine e un pizzico di sale. In alternativa, li salto in padella in un filo d'olio extravergine e li condisco con una presa di sale.

2. Preparo la mousse. Stempero lo zafferano nel latte e poi lo verso sulla ricotta. Quindi amalgamo con una forchetta fino a rendere il formaggio ben morbido.

3. Pulisco i gamberi e impiatto. Sguscio i gamberi, mantenendo la testa, e li privo del filo intestinale. In ogni ciotolina sistemo una cucchiaiata di mousse, un asparago e 2 gamberi. Completo con un filo d'olio extravergine, un pizzico di sale, una macinata di pepe e servo.

CHE PESCI PIGLIARE

Tra i tanti tipi di gambero, quello rosso è il migliore da assaporare crudo. Inutile dire che va acquistato freschissimo e, quindi, italiano: deve essere vivo, con gli occhi mobili, neri, lucidi e sporgenti; deve presentarsi rigido, non floscio. I mesi ideali per gustarlo vanno da aprile a ottobre, periodo in cui è più polposo.

ANTIPASTI DI PESCE CRUDO

ITALIA

DIFFICOLTÀ

40 min.

DA PROVARE ANCHE CON
tutti i tipi di pesce bianco adatti al crudo

SCORFANO SU CREMA DI PATATE

INGREDIENTI PER 4 PERSONE

• 130 g di polpa di scorfano • aceto balsamico • olio extravergine • sale e pepe

Per la crema di patate: • 3 patate piccole • 1 cipolla • 700 ml di brodo vegetale • olio extravergine

1. Taglio lo scorfano e rosolo la cipolla. Affetto finemente la polpa di scorfano e poi la condisco con un'emulsione preparata con 7 cucchiai d'olio extravergine, 1 cucchiaino di aceto balsamico, un pizzico di sale e una macinata di pepe. Dopodiché spello, trito grossolanamente la cipolla e la metto in una pentola a rosolare con un filo d'olio extravergine.

2. Cuocio le patate. Sbuccio le patate, le taglio a tocchetti e li aggiungo alla cipolla. Lascio insaporire, quindi allungo con il brodo bollente e continuo la cottura a fiamma vivace finché le patate iniziano a disfarsi, ovvero per circa 25 minuti. Non aggiungo sale se ho preparato il brodo con il dado; ne aggiungo una presa se l'ho preparato con le verdure.

3. Riduco in crema. Lontano dai fuochi, con il mixer a immersione riduco le patate in una crema piuttosto liquida. Per regolarne la consistenza, allungo con un po' brodo se voglio diluirla; faccio cuocere per qualche minuto se voglio restringerla.

4. Impiatto. Su ogni piatto stendo un letto di vellutata e, sopra di esso, trasferisco le fettine di scorfano. Completo con un filo di emulsione e porto in tavola.

COSÌ FA IL CUOCO DI BORDO

Se è vero che la parola *scorfano* è lo stereotipo della bruttezza, quando si riferisce al pesce è sicuramente sinonimo di bontà. Quando lo prepari, però, non pensare troppo a quanto sarà delizioso il tuo piatto! Presta invece molta attenzione perché sotto le branchie e sul dorso lo scorfano è munito di spine, velenose quando è vivo e comunque in grado di ferire quando è morto. Quando lo maneggi ricorda sempre di usare un guanto o una salvietta attorcigliata intorno alla mano.

PALAMITA OLIVE E POMODORINI

ITALIA

DIFFICOLTÀ

25 min. + riposo

DA PROVARE ANCHE CON
tombarello
tonnetto

INGREDIENTI PER 4 PERSONE

• 1,5 kg di palamita (1 pesce di dimensioni medie) • 4 pomodorini • 1 dozzina di olive taggiasche • 1 gambo di sedano • qualche ciuffo di insalata valeriana • 500 g di zucchero • 500 g di sale
Per l'emulsione: • mezzo limone • olio extravergine • sale

1. Eviscero il pesce. Con un paio di forbici affilate, taglio il ventre del pesce dalla coda alle branchie seguendo la linea mediana. Divarico i lembi e rimuovo le interiora prima in prossimità della coda e poi della testa. Infine, lo sciacquo attentamente sotto acqua corrente.

2. Lo disidrato. Adagio il pesce eviscerato su un piatto e lo ricopro completamente con 500 g di zucchero e altrettanto di sale mischiati, quindi lo lascio disidratare per 5 ore a temperatura ambiente. Dopodiché lo sciacquo per bene sotto acqua corrente e lo tampono con carta da cucina per asciugarlo.

3. Lo sfiletto e lo spello. Sfiletto il pesce, privo i 4 filetti delle spine con una pinzetta e poi li spello. Quindi ne riduco la polpa in cubetti.

4. Aggiungo verdure e olive. Mondo le verdure, tagliando il sedano a tocchetti e i pomodorini a dadini. Infine, privo le olive del nocciolo e le tagliuzzo finemente. Su un letto di valeriana, distribuisco pesce, verdure e olive. Infine completo con un'emulsione preparata con un filo d'olio extravergine, il succo del mezzo limone spremuto e un pizzico di sale.

CHE PESCI PIGLIARE

Ecco un'altra ricetta del mio amico Davide Petrini, che ben esalta le carni compatte e gustose della palamita. Parente dello sgombro, la palamita è un pesce che può raggiungere anche ragguardevoli dimensioni (80 cm di lunghezza). Oltre a essere un'ottima sostituta del più famoso tonno rosso o pinna gialla, ha il grande pregio di essere molto versatile in cucina e questo ricco antipasto crudo ne è la prova. I mesi migliori per assaporarla vanno da aprile a novembre.

ITALIA

DIFFICOLTÀ

15 min.

DA PROVARE ANCHE CON
tutti i tipi di pesce bianco adatti al crudo

TARTARE RICCIOLA E PINOLI

INGREDIENTI PER 2 PERSONE
(porzioni abbondanti)

• 200 g di ricciola (1 trancio) • 20 g di pinoli • mezza arancia • 1 grosso spicchio di limone • olio extravergine • sale

1. Tosto i pinoli. In una padella antiaderente tosto i pinoli senza l'aggiunta di alcun condimento, spegnendo la fiamma appena diventano dorati. Dopodiché preparo un'emulsione con il succo della mezza arancia e dello spicchio di limone spremuti, un filo d'olio extravergine e un pizzico di sale.

2. Taglio i tranci e impiatto. Taglio i tranci di ricciola a cubetti e li trasferisco in una ciotola, dove li mescolo ai pinoli tostati. Al centro di un piatto sistemo il coppapasta e lo riempio con la polpa e i pinoli, avendo cura di compattarli bene con un cucchiaio. Quindi completo con l'emulsione di agrumi e olio.

3. Completo. Tolgo il coppapasta con delicatezza, facendo attenzione a non smontare la tartare. Dopodiché procedo a preparare l'altra porzione, quindi porto in tavola.

COSÌ FA IL CUOCO DI BORDO

Questo piatto, che mi ha fatto assaggiare il mio amico pescatore nonché cuoco Davide Petrini, ci fa assaporare l'eccellente compattezza e la straordinaria delicatezza della polpa della ricciola, ottima cruda sia a cubetti sia a fettine. Tagliata in tranci, la ricciola è buonissima anche cotta alla griglia.

SCAMPI ALLA FRAGOLA

ITALIA

DIFFICOLTÀ

15 min.

DA PROVARE ANCHE CON gamberi rossi

INGREDIENTI PER 4 PERSONE

• 4 scampi • 2 fragole grosse • 1 fetta di limone • olio extravergine • sale e pepe

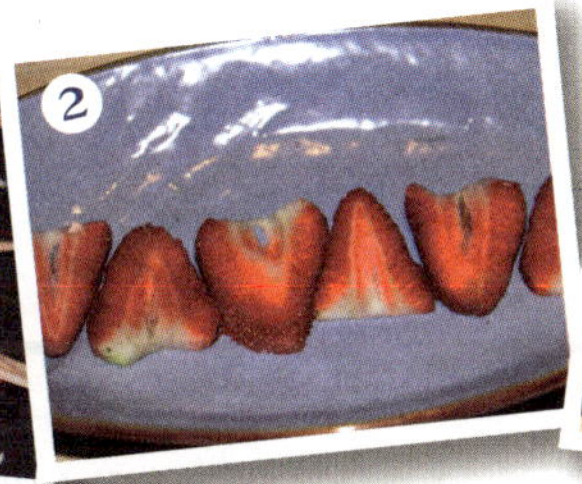

1. Sguscio gli scampi. Stacco la testa dello scampo dalla coda, con una forbice affilata taglio il carapace per il lungo ed estraggo la polpa separandola dal filo intestinale. Dopo aver sgusciato tutti gli scampi, ne divido la polpa di ognuno a metà.

2. Taglio le fragole. Lavo velocemente le fragole e le tampono con carta da cucina, quindi le privo del picciolo e le taglio a fettine sottili. Dopodiché le sistemo su un piatto piano.

3. Completo. Su ogni fettina di fragola adagio un pezzetto di polpa di scampo. Infine, irroro con un'emulsione preparata con un filo d'olio extravergine, un pizzico di sale, una macinata di pepe e il succo ricavato dalla fetta di limone spremuta.

CHE PESCI PIGLIARE

In Italia lo scampo è tra i crostacei più apprezzati per sapore delicato e morbidezza della polpa, che in questa semplicissima ricetta del mio fidanzato Massimo vengono esaltati al meglio. Molto diffusi sulle coste dell'Adriatico e del Tirreno, il periodo ideale per pescarli (e gustarli) va da marzo a luglio. Quando li acquisti, ne puoi giudicare lo stato di freschezza dall'occhio, che deve essere ben rigonfio e di un nero profondo, non nero-grigio, e dal guscio, rigorosamente lucido.

TARTARE PESCATRICE E VERDURE

ITALIA

DIFFICOLTÀ

20 min.

DA PROVARE ANCHE CON
tutti i tipi di pesce bianco adatti al crudo

INGREDIENTI PER 2 PERSONE

• 90 g di polpa di rana pescatrice • 1 carota • 1 gambo di sedano • 1 limone • olio extravergine • sale e pepe

1. Metto il pesce a marinare. Spremo il limone e ne raccolgo il succo in una ciotolina. Quindi taglio la polpa della rana pescatrice a fette. Le trasferisco nella ciotolina con il succo di limone e le lascio marinare per 10 minuti.

2. Taglio le verdure e le sistemo sul piatto. Mondo carota e sedano e poi li taglio a fiammifero. Inizio a modellare le 2 tartare collocando il coppapasta al centro del piatto e riempiendolo con i fiammiferi di sedano e carota. Quindi tolgo il coppapasta con delicatezza, facendo attenzione a non smontare il primo strato delle tartare. Se non ho un coppapasta a disposizione, posso crearlo al momento: avvolgo in un foglio d'alluminio una larga striscia di cartoncino richiusa ad anello e la fisso con il nastro adesivo.

3. Completo le tartare. Scolo la polpa del pesce marinata e la trasferisco sulle verdure impiattate, compattandola con un cucchiaio. Dopodiché preparo un'emulsione con un goccio di succo di limone, un filo d'olio, un pizzico di sale e una macinata di pepe e la distribuisco sulle tartare.

COSÌ FA IL CUOCO DI BORDO

Nota anche come *coda di rospo*, generalmente la rana pescatrice viene venduta priva dell'enorme testa, spellata e tagliata in tranci, quindi non richiede un grande lavoro di preparazione salvo il taglio adatto alla singola ricetta. In alcuni mercati è possibile acquistare anche solo la testa della rana pescatrice, ideale per la preparazione di brodi e gelatine. La sua carne è rosea, compatta ed elastica ed è molto gustosa non solo nei piatti di crudo, ma anche cotta in umido, come condimento della pasta, base per l'impasto delle polpette o arricchimento delle zuppe di pesce.

PRIMI PIATTI

Pesci, molluschi e crostacei
si sposano con pasta e riso
in mille combinazioni di gusto
per piatti di sicuro effetto,
indicati sia per la cucina di tutti i giorni
sia per le occasioni più formali.
Ingredienti genuini
per veri protagonisti
della tavola

PRIMI PIATTI

ITALIA

DIFFICOLTÀ ★★

50 min.

FUSILLI AL PESCE POVERO

INGREDIENTI PER 4 PERSONE

• 400 g di fusilli • 600 g di pesce povero da zuppa tipo musdea, tracina, scorfano • 280-300 g di pomodori pelati • 1 cipolla • peperoncino • olio extravergine • sale

1

2

1. Squamo, eviscero e lesso. Se occorre, squamo i pesci. Dopodiché li eviscero dal ventre, lasciandoli interi. Quindi li sciacquo sotto acqua corrente e poi li lesso in acqua bollente salata, controllandone attentamente la cottura e calcolando 5-10 minuti dall'ebollizione a seconda della specie.

2. Sfiletto i pesci e ne spezzetto la polpa. Scolo i pesci tenendo da parte l'acqua di cottura, quindi li sfiletto e con una pinzetta li privo delle spine. Poi li spello e ne spezzetto la polpa.

3. La rosolo. In una padella faccio appassire la cipolla tritata finemente e un pizzico di peperoncino nell'olio extravergine, aggiungo la polpa e continuo la cottura per 10 minuti. Nel frattempo, metto sulla fiamma una pentola piena d'acqua. Raggiunta l'ebollizione, aggiungo una presa di sale. Ripreso il bollore, metto a cuocere la pasta.

4. Aggiungo i pomodori pelati. Metto in padella anche i pomodori pelati, allungo con un po' dell'acqua in cui ho lessato i pesci, regolo di sale e lascio cuocere per una decina di minuti controllando costantemente.

5. Salto la pasta. Scolo i fusilli al dente e li trasferisco in padella. Quindi li salto per qualche minuto facendo amalgamare bene gli ingredienti.

NOTE DI SAPORE

Questo è un piatto a cui sono molto affezionata, non solo perché è straordinariamente gustoso ma anche perché valorizza i pesci cosiddetti poveri, ovvero quelli meno richiesti o ignorati nel mondo della pesca industriale perché poco redditizi. Ma sfido chiunque a definire "povero" il sapore della musdea, della tracina, dello scorfano, del sugarello, del cefalo e di tanti altri. Lo sanno bene i pescatori, che li hanno resi protagonisti dei menu tradizionali. Cosa aspetti allora? Mettiti subito a preparare questi fusilli per assaporare vere e proprie prelibatezze a cui poi non potrai più rinunciare.

ITALIA

DIFFICOLTÀ

25 min.

DA PROVARE ANCHE CON
canocchie
mazzancolle

TROFIE GAMBERI E PUNTARELLE

INGREDIENTI PER 4 PERSONE

• 300 g di trofie • 16 gamberi • 250 g di puntarelle • 1 foglia di menta • prezzemolo tritato (facoltativo) • aglio • vino bianco • olio extravergine • sale

1. Sguscio e rosolo i gamberi. Lavo i gamberi sotto acqua corrente, li privo del carapace mantenendo la testa e poi elimino il filo intestinale. In una padella metto a soffriggere nell'olio extravergine uno spicchio d'aglio, aggiungo i gamberi interi e li faccio rosolare per 2 o 3 minuti. Sfumo con un bicchiere di vino bianco e poi con un mestolo di legno schiaccio le teste che eventualmente si staccano per farne uscire il sugo così da insaporire ulteriormente la preparazione. Dopodiché le elimino.

2. Aggiungo le puntarelle. Mondo le puntarelle e le taglio a listarelle sottili. Quando i gamberi sono dorati, aggiungo le verdure in padella e insaporisco con una foglia di menta spezzettata. Dopodiché continuo la cottura per 10 minuti e in ultimo regolo di sale.

3. Metto a cuocere le trofie. Nel frattempo, riempio d'acqua una pentola e la metto sul fuoco. Raggiunta l'ebollizione, aggiungo una presa di sale e attendo che il bollore riprenda. Quindi metto a cuocere le trofie. Al giusto punto di cottura, le scolo.

4. Salto e amalgamo. Conclusa la cottura delle puntarelle, trasferisco in padella le trofie. Quindi le salto per qualche minuto su fuoco moderato in modo da far amalgamare bene gli ingredienti. Impiatto, se gradisco spolvero di prezzemolo e poi servo.

COSÌ FA IL CUOCO DI BORDO

Del gambero non si butta via niente, filo intestinale a parte. Come puoi constatare anche cucinando queste eccezionali trofie, le teste sono preziose per insaporire ulteriormente il piatto. Altrettanto si può dire dei gusci e delle uova, utili anche per preparare brodi e fumetti. Dopo aver lessato e setacciato gusci e teste, è possibile incorporarne il passato alle preparazioni in corso. Le uova sono ottime anche in aggiunta alle salse.

RISOTTO VONGOLE E RADICCHIO

ITALIA

DIFFICOLTÀ

50 min.

DA PROVARE ANCHE CON
cozze
fasolari

INGREDIENTI PER 4 PERSONE

• 320 g di riso vialone nano • 1 kg di vongole veraci (1 settantina di molluschi) • 100 g di radicchio di Chioggia • 30 g di cipolla bianca tritata • 20 g di burro (1 cucchiaio colmo) • 1 bicchiere di vino bianco • olio extravergine

Per il brodo: • 500 g di scarti di pesce • 1 carota • 1 cipolla • 1 gambo di sedano • 1 ciuffo di prezzemolo • sale

1. Preparo il brodo. In una pentola metto a bollire 1,5 litri d'acqua con gli scarti di pesce, il prezzemolo e le verdure affettate grossolanamente. Aggiungo una presa di sale e continuo la cottura per circa 30 minuti. Nel frattempo, mondo il radicchio e lo taglio a listarelle.

2. Apro le vongole. In una padella metto un filo d'olio extravergine, aggiungo le vongole già sciacquate e copro con il coperchio, mescolando di tanto in tanto con un mestolo di legno. Quando le vongole sono aperte, le sguscio. Se ne è rimasta qualcuna chiusa, la scarto. Quindi filtro il liquido di cottura con un canovaccio e lo metto da parte.

3. Tosto il riso e aggiungo il radicchio. In una pentola rosolo la cipolla in un filo d'olio extravergine. Aggiungo prima il riso, e lo tosto a fuoco medio, e poi il radicchio. Quindi sfumo con il vino bianco e lascio evaporare.

4. Allungo con il brodo. Aggiungo il liquido filtrato delle vongole e, durante la cottura, allungo a più riprese con il brodo bollente, ricordando di rimestare.

5. Aggiungo le vongole e manteco. A 3-4 minuti dalla fine della cottura, unisco le vongole. Spengo la fiamma, e lascio riposare per circa un minuto. Lontano dai fuochi manteco con il burro, sempre con l'aiuto del mestolo di legno. Se preferisco un risotto più leggero, per mantecare uso l'olio extravergine. Impiatto e servo.

CHE PESCI PIGLIARE

Detta anche *vongola cornuta* per i 2 lunghi sfiatatoi a forma di cornetti che sporgono dalla conchiglia, la vongola verace nostrana (*Tapes decussatus*) è ritenuta da molti la migliore. Tuttavia, in moltissimi posti ormai è stata soppiantata dalla vongola filippina (*Tapes philippinarum*), specie originaria del Pacifico che è stata importata nel nostro Paese perché più grossa e resistente. Dal punto di vista gastronomico, non c'è molta differenza tra i vari tipi di vongola: sono tutti squisiti, molto delicati di sapore.

ITALIA

DIFFICOLTÀ ★★

20 min.

DA PROVARE ANCHE CON fasolari, mazzancolle, seppie, totani vongole

LINGUINE DELLO ZIO ISEO

INGREDIENTI PER 4 PERSONE

• 400 g di linguine • 300 g di calamari (3 molluschi medi) • 500 g di cozze (1 trentina di molluschi) • 100 g di gamberetti (1 quindicina di crostacei) • 200 g di tartufi di mare (1 decina di molluschi) • 100 g di burro (5 cucchiai colmi) • 1 ciuffo di prezzemolo • 1 cucchiaio di curry • aglio • olio extravergine • sale e pepe

1. Pulisco i calamari e li rosolo. Spello i calamari e li pulisco, quindi li taglio ad anelli. Dopodiché li metto in padella a rosolare per 5 minuti con un filo d'olio extravergine, 2 spicchi d'aglio e il prezzemolo tritato. Nel frattempo, metto sul fuoco una pentola piena d'acqua in cui andrò a cuocere la pasta.

2. Aggiungo crostacei e molluschi in conchiglia. Dopo aver sgusciato i gamberetti e averli privati del filo intestinale, li aggiungo ai calamari insieme a cozze, tartufi di mare e burro. Quando l'acqua in pentola bolle, aggiungo una presa di sale. Raggiunta nuovamente l'ebollizione, metto a cuocere le linguine.

3. Insaporisco. Metto il coperchio alla padella e lascio cuocere gamberetti e molluschi per circa 2 minuti, poi insaporisco con il curry e una macinata di pepe, infine regolo di sale e spengo la fiamma.

4. Scolo la pasta e impiatto. Al giusto punto di cottura, scolo le linguine e le trasferisco nei piatti. Completo le porzioni con il condimento di molluschi e crostacei e porto in tavola.

NOTE DI SAPORE

Se devo pensare a un piatto che sa di mare, queste linguine sono le prime a venirmi in mente. Da quando le ho assaggiate Da zio Iseo a Portovenere e alla Locanda Lorena sull'Isola Palmaria, non perdo mai occasione di riassaporarle ogni volta che capito da quelle parti perché sono buone da morire! D'altra parte rispecchiano alla perfezione lo stile di Giuseppe Basso, ristoratore che i telespettatori di *Pianeta Mare* ben conoscono, amante dei piatti sostanziosi cucinati con ingredienti di qualità.

GNOCCHI SPIGOLA E CARCIOFI

ITALIA

DIFFICOLTÀ ✶✶

30 min.

DA PROVARE ANCHE CON
tutti i tipi di pesce bianco da trancio

INGREDIENTI PER 4 PERSONE

• 400 g di gnocchi di patate • 500 g di spigola (1 pesce) • 2 carciofi • 1 pomodoro medio • 4 pomodorini secchi • il succo di 1 limone • prezzemolo tritato • peperoncino • aglio • mezzo bicchiere di vino bianco • olio extravergine • sale e pepe

1. Trancio la spigola. Eviscero la spigola, la trancio, con una pinzetta la spino e ne riduco la polpa a tocchetti.

2. Taglio i carciofi a fettine. Mondo i carciofi, privandoli del gambo, delle parti più dure e della barbetta. Quindi li riduco in fettine sottili, che metto in acqua acidulata con il succo del limone.

3. Soffriggo. In una padella metto a soffriggere mezzo spicchio d'aglio tritato e mezzo peperoncino nell'olio extravergine, aggiungo le fettine di carciofo e poi sfumo con il vino bianco. Poi aggiungo il pomodoro tagliato a dadini, regolo di sale e pepe, unisco la polpa del pesce e continuo la cottura per qualche minuto.

4. Salto gli gnocchi. Metto gli gnocchi a cuocere in acqua bollente salata. Appena salgono a galla, li scolo e li trasferisco nella padella del condimento. Salto qualche minuto per far amalgamare bene gli ingredienti, preparo le porzioni guarnendo con i pomodorini secchi tagliuzzati e il prezzemolo tritato.

COSÌ FA IL CUOCO DI BORDO

Vuoi fare in casa gli gnocchi? Lessa 1 kg di patate farinose in acqua poco salata. Quindi pelale e passale allo schiacciapatate. Poi amalgama a 250 g di farina per ottenere un impasto liscio, elastico e soffice. Puoi regolarne la consistenza aggiungendo altra farina, ma non troppa, altrimenti gli gnocchi potrebbero disfarsi in cottura. Modella rotolini di circa 1,5 cm di diametro e tagliali a pezzetti di 2-3 cm. Con il pollice premi al loro centro e passali rapidamente nella farina.

SPAGHETTI AI RICCI

ITALIA

DIFFICOLTÀ

20 min.

INGREDIENTI PER 6 PERSONE

• 480 di spaghetti trafilati al bronzo • 300 g di polpa di riccio (polpa di 60 ricci o di 5 vasetti a lunga conservazione) • 9 asparagi • peperoncino • aglio • olio extravergine • sale

1. Preparo gli asparagi. Sbollento gli asparagi in acqua salata e li scolo quando sono ancora leggermente croccanti. In una padella soffriggo uno spicchio d'aglio e un pizzico di peperoncino in abbondante olio extravergine, quindi aggiungo gli asparagi tagliuzzati a pezzetti. Rosolo per un paio di minuti, tolgo lo spicchio d'aglio, spengo la fiamma e lascio intiepidire.

2. Aggiungo la polpa dei ricci. Metto a cuocere gli spaghetti in abbondante acqua bollente salata e, appena prima di scolarli, verso la polpa dei ricci nella padella degli asparagi. Sempre a fuoco spento, amalgamo polpa e asparagi con un mestolo di legno.

3. Scolo e salto gli spaghetti. Scolo gli spaghetti leggermente al dente e li salto a fiamma spenta nella padella del condimento.

IL MARE DA AMARE

Il riccio è uno dei più squisiti e delicati frutti di mare. Una tale prelibatezza, non troppo facile da trovare nei banchi del pesce, va protetta. In Italia, la legge stabilisce che i ricci non vanno pescati a maggio e giugno, mesi in cui si riproducono. In Sardegna, il divieto è stato prolungato fino a fine ottobre. Se non trovi i ricci freschi, usa la polpa venduta nei vasetti a lunga conservazione.

PRIMI PIATTI

ITALIA

DIFFICOLTÀ

1 ora

DA PROVARE ANCHE CON
moscardino
polpessa

TAGLIATELLE AL POLPO

INGREDIENTI PER 4 PERSONE

• 170 g di tagliatelle • 600 g di polpo • 2 pomodori • qualche foglia di basilico • aglio (facoltativo) • olio extravergine • sale

1

2

1. Lesso il polpo. Eviscero il polpo, lo lavo accuratamente e poi lo lesso in acqua bollente, lasciandolo cuocere per 30 minuti dal momento dell'ebollizione. Quindi lo scolo, lo sistemo su un piatto, lo spello, lo privo di tutte le ventose e lo taglio a fettine sottili.

2. Preparo la crema. Trasferisco le ventose del polpo con un po' di pelle nel bicchiere del mixer, aggiungo abbondante olio extravergine, un pizzico di sale ed eventualmente uno spicchio d'aglio svestito. Quindi riduco in crema.

3. La metto in padella. Inizio a preparare la pasta, mettendo a bollire abbondante acqua in una pentola. Dopodiché trasferisco la crema di polpo in padella e aggiungo un filo d'olio extravergine.

4. Aggiungo polpo e pomodoro. Metto in padella anche le fettine di polpo e le amalgamo alla crema. Aggiungo i pomodori tagliati a dadini e faccio cuocere per una decina di minuti. Quando l'acqua in pentola bolle, aggiungo una presa di sale. Ripreso il bollore, metto a cuocere le tagliatelle.

5. Scolo e salto le tagliatelle. Al giusto punto di cottura, scolo le tagliatelle e le trasferisco nella padella del polpo. Quindi le salto, facendo amalgamare bene gli ingredienti. Infine impiatto, aggiungendo qualche foglia di basilico per porzione.

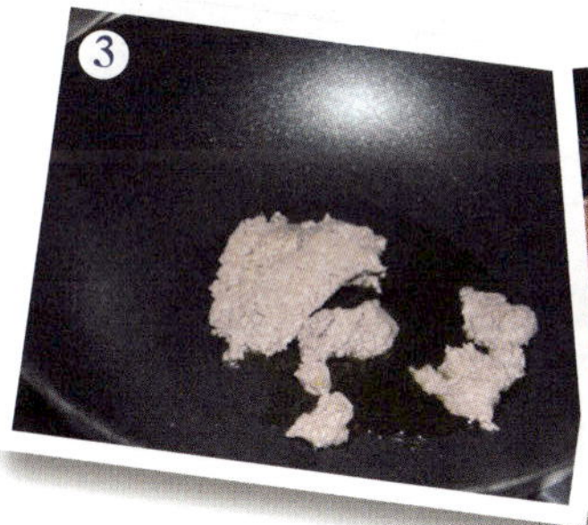

CHE PESCI PIGLIARE

Polpo, moscardino o polpessa? Questi 3 molluschi cefalopodi, apparentemente uguali tra loro, hanno in realtà delle differenze che ci aiutano a distinguerli. Riconoscere il moscardino dal polpo è più semplice perché il primo ha una sola fila di ventose, il secondo ne ha 2. Più complicato è individuare la polpessa, anch'essa dotata di 2 file di ventose. Tendenzialmente più piccola e meno pregiata, la polpessa ha tentacoli molto più lunghi e sottili del polpo.

ITALIA

DIFFICOLTÀ

25 min.

DA PROVARE ANCHE CON
ombrina
pagello
scorfano

MALTAGLIATI ALLA TRIGLIA

INGREDIENTI PER 4 PERSONE

• 320 g di maltagliati all'uovo • 400 g di triglia (4 pesci) • 3 pomodori maturi • qualche foglia di basilico • aglio • olio extravergine • sale

1. Sfiletto le triglie. Dopo aver eviscerato le triglie, le sciacquo sotto acqua corrente, le squamo, le sfiletto e le spino con molta attenzione. Quindi in una pentola metto a bollire l'acqua in cui cuocerò la pasta.

2. Le taglio a tocchetti e le rosolo. Taglio la polpa delle triglie a tocchetti e poi li aggiungo in un'ampia padella in cui ho fatto soffriggere uno spicchio d'aglio tritato in un filo d'olio extravergine. Lascio rosolare per un paio di minuti.

3. Aggiungo pomodori e basilico. Ai tocchetti di pesce aggiungo i pomodori tagliati a cubetti e un po' di foglie di basilico, faccio saltare, regolo di sale e continuo la cottura per 5-6 minuti.

4. Cuocio e salto la pasta. Quando l'acqua in pentola bolle, aggiungo una presa di sale. Ripreso il bollore vivacemente, butto la pasta e mescolo subito con un mestolo di legno. Scolo la pasta al dente e la trasferisco in padella, quindi la salto molto velocemente facendola amalgamare bene al sugo. Dopodiché la distribuisco in 4 piatti fondi, decoro con le foglie di basilico e servo.

COSÌ FA IL CUOCO DI BORDO

Vuoi rendere questo primo davvero strepitoso? Prepara tu stesso la pasta fresca per i maltagliati! Per 4 persone impasta 200 g di farina tipo 00 con 2 uova, aiutandoti prima con una forchetta e poi con le mani, fino a ottenere un composto omogeneo ed elastico. Se dovessi incontrare difficoltà a lavorarlo, aggiungi un goccio d'olio. Quindi forma una palla, avvolgila in un foglio di pellicola e mettila ad ammorbidire in frigo per circa 30 minuti. Dopodiché stendi la pasta in sfoglie sottili e tagliala in modo irregolare. Lascia asciugare i maltagliati su un telo prima di cuocerli.

PRIMI PIATTI

ITALIA

DIFFICOLTÀ

20 min.

LINGUINE ALLE UOVA DI PESCE

INGREDIENTI PER 4 PERSONE

• 400 g di linguine trafilate al bronzo • 250 g di uova di qualsiasi pesce • 4 pomodori medi • 4 pomodorini secchi • 4-5 foglie di basilico • aglio • 1 bicchiere di vino bianco • olio extravergine • sale e pepe

1. Soffriggo. In una padella soffriggo uno spicchio d'aglio in abbondante olio extravergine. Appena è leggermente dorato, aggiungo i pomodorini secchi tagliati a listarelle sottili. Dopodiché sfumo con il vino bianco.

2. Aggiungo i pomodori. Quando il vino è evaporato, aggiungo i pomodori tagliati a dadini e le foglie di basilico. Poi regolo di sale.

3. Aggiungo le uova di pesce. Quando i pomodori accennano a ritirarsi, aggiungo le uova di pesce. Con un mestolo di legno mescolo con cura a fuoco vivace e poi spengo la fiamma.

4. Cuocio le linguine. Metto sul fuoco una pentola piena d'acqua. Raggiunta l'ebollizione, aggiungo una presa di sale. Ripreso il bollore, metto a cuocere le linguine.

5. Le salto. Riaccendo la fiamma sotto la padella del condimento e vi trasferisco le linguine, dopo averle scolate e aver tenuto da parte l'acqua di cottura. Ne aggiungo un po' in padella e salto la pasta facendo amalgamare bene gli ingredienti. Spolvero con una macinata di pepe e impiatto.

NOTE DI SAPORE

Chissà perché quando si parla di uova di pesce, molti pensano solo al caviale o alla bottarga. In realtà, in pescheria puoi trovare anche sacche di uova di pesci che non siano necessariamente storione, tonno o muggine. Di qualsiasi specie tu riesca a trovare le uova, prova a cucinare questo primo per gustarne appieno il sapore e sentire l'aroma particolare che sanno sprigionare. A seconda dei tuoi gusti, puoi metterne in padella anche meno o più dei 250 g suggeriti.

ITALIA

DIFFICOLTÀ

30 min.

DA PROVARE ANCHE CON
fasolari
tartufi di mare

TROFIE CROSTACEI E MOLLUSCHI

INGREDIENTI PER 2 PERSONE

• 160 di trofie fresche • 3 scampi • 3 gamberi • 250 g di cozze (1 dozzina di molluschi) • 250 g di vongole (1 ventina di molluschi) • 1 filetto di sgombro sott'olio (facoltativo) • 230 g di pomodori pelati • 20 g di pesto • peperoncino • aglio • mezzo bicchiere di vino bianco • olio extravergine • sale

1. Apro i molluschi e rosolo i crostacei. Se occorre, spazzolo le cozze. Quindi le privo del bisso. Le lavo con le vongole e le metto ad aprire in una padella con il coperchio insieme a un filo d'olio su fuoco moderato, scuotendo di tanto in tanto. Scarto i molluschi rimasti chiusi e sguscio gli altri. Lavo anche i crostacei e li privo del carapace, quindi li rosolo in padella con la testa, dopo aver soffritto uno spicchio d'aglio e un pizzico di peperoncino nell'olio. Poi sfumo con il vino bianco.

2. Aggiungo pomodori e molluschi. Evaporato il vino, aggiungo i pomodori pelati. Trascorsi 5 minuti, metto in padella anche la polpa di cozze e vongole. Se gradisco, aggiungo un filetto di sgombro sott'olio sgocciolato. Nel frattempo, metto a cuocere le trofie in acqua bollente salata.

3. Tolgo le teste. Se le teste dei crostacei si staccano, le schiaccio con un cucchiaio per insaporire ulteriormente il sugo. Quindi unisco il pesto, amalgamo e spengo la fiamma.

4. Scolo e salto le trofie. Al giusto punto di cottura, scolo le trofie e le trasferisco nella padella del condimento. Quindi le salto a fuoco moderato per qualche minuto in modo da far amalgamare bene gli ingredienti.

COSÌ FA IL CUOCO DI BORDO

Questo primo è strepitoso e lo sgombro sott'olio, soprattutto se di preparazione artigianale, gli dà un gustosissimo tocco in più. Si tratta, però, di uno solo dei tanti modi in cui lo sgombro sott'olio può essere impiegato. È un ottimo sostituto del tonno e, a differenza di quest'ultimo, ha il grande pregio di essere inscatolato a filetti interi perciò non c'è il rischio di mangiare polpa di eventuali altri pesci non meglio identificati.

PRIMI PIATTI

ITALIA

DIFFICOLTÀ

40 min.

DA PROVARE ANCHE CON
cozze

SPAGHETTI ALLE VONGOLE

INGREDIENTI PER 4 PERSONE

• 320 g di spaghetti alla chitarra • 2 kg di vongole veraci (150 molluschi circa) • 4 filetti d'acciuga sotto sale • 25 g di capperi dissalati • 7-8 pomodorini • basilico • prezzemolo • aglio • mezzo bicchiere di vino bianco • olio extravergine

1. Apro le vongole. In una padella metto un filo d'olio extravergine e uno spicchio d'aglio in camicia, aggiungo le vongole già lavate, sfumo con il vino e copro con il coperchio, mescolando di tanto in tanto con un mestolo di legno. Se qualche vongola rimane chiusa, la scarto. Sguscio le altre e con un canovaccio filtro il liquido di cottura.

2. Cuocio gli spaghetti. In un tegame verso un filo d'olio extravergine e soffriggo uno spicchio d'aglio in camicia, aggiungo i filetti d'acciuga e li faccio sciogliere. Dopodiché aggiungo prima i pomodorini tagliati a metà e poi quasi tutto il liquido filtrato. Eventualmente allungo con un po' d'acqua calda. Alzo la fiamma e, al bollore, metto a cuocere gli spaghetti. Una volta cotti, lontano dai fuochi li incorporo alla polpa delle vongole.

3. Preparo la salsa. In un bicchiere verso un filo d'olio extravergine, un ciuffo di prezzemolo, uno di basilico, i capperi e un po' di liquido filtrato, quindi emulsiono con il mixer a immersione.

4. Impiatto. Distribuisco gli spaghetti in 4 piatti e completo con un po' di salsa.

IL PIATTO CAMBIA ROTTA

Un altro modo per cucinare gli spaghetti alle vongole consiste nel farli cuocere per metà del tempo in acqua bollente salata e poi nel trasferirli in una casseruola contenente il liquido di cottura dei molluschi filtrato, magari allungato con un po' dell'acqua da cui sono stati scolati. Una volta cotti del tutto, potranno essere impiattati con la polpa delle vongole.

PASSATELLI ALLE COZZE

ITALIA

DIFFICOLTÀ ★★★

1 ora + riposo

DA PROVARE ANCHE CON
vongole
fasolari

INGREDIENTI PER 4 PERSONE

• 300 g di cozze (1 quindicina di molluschi) • 1 decina di pomodorini • pesto di basilico al pistacchio • 1 bicchiere di vino bianco • olio extravergine • sale

Per i passatelli: • 4 uova • 4 pugni di pangrattato • 4 pugni di parmigiano reggiano grattugiato • scorza grattugiata di limone biologico • sale e pepe

1. Preparo i passatelli. Amalgamo le uova a pangrattato, parmigiano reggiano, un po' di scorza di limone grattugiata, un pizzico di sale e uno di pepe per ottenere un impasto sodo ma duttile. Avvolgo il panetto nella pellicola e lo metto in frigo per 2 ore. Quindi faccio passare l'impasto attraverso uno schiacciapatate a fori larghi. Con un coltello taglio le strisce di impasto ogni 4 cm circa.

2. Apro le cozze. In una padella scaldo un filo d'olio, sfumo con il vino e, quando è evaporato, metto ad aprire le cozze già lavate e private del bisso. Elimino quelle rimaste chiuse, ne lascio 3 con la conchiglia e sguscio le altre. Poi ne rimetto in padella la polpa con un filo d'olio.

3. Cuocio e salto i passatelli. Lesso i passatelli in acqua bollente salata e li scolo. Li trasferisco nella padella delle cozze e li salto, ottenendo i passatelli in bianco. Ne condisco un terzo con il pesto, ottenendo i passatelli verdi. In un'altra padella ne salto un altro terzo con una dadolata di pomodorini e un filo d'olio.

4. Impiatto. Su un grande piatto sistemo i passatelli verdi, bianchi e rossi, ottenendo un effetto tricolore. Decoro con le cozze in conchiglia e servo.

NOTE DI SAPORE

Pasta fresca di antica tradizione romagnola, i passatelli sono nati nelle case contadine. Secondo la ricetta classica, nell'impasto va anche il midollo di bue e devono essere serviti in brodo di manzo o di manzo e gallina.

TAGLIATELLE ZUCCA E CANOCCHIE

ITALIA

DIFFICOLTÀ

50 min.

DA PROVARE ANCHE CON scampi

INGREDIENTI PER 4 PERSONE

• 240 g di tagliatelle • 12 canocchie • 320 g di zucca pulita • 1 quarto di cipolla • brodo vegetale • olio extravergine • sale e pepe

1. Lesso e sguscio le canocchie. Lesso le canocchie in acqua bollente per una decina di minuti. Quindi ne sguscio 8, incidendo con una forbice affilata il carapace lungo i lati e le zampe. Dopodiché ne elimino il filo intestinale e ne estraggo la polpa. Lascio le altre 4 canocchie con il guscio.

2. Cuocio la zucca. Taglio la zucca a pezzi e la aggiungo in una pentola in cui ho messo ad appassire con un filo d'olio extravergine la cipolla affettata grossolanamente. Allungo con 4 mestoli di brodo vegetale caldo e lascio cuocere per 20-25 minuti. Nel frattempo, metto a bollire l'acqua in cui cuocerò le tagliatelle.

3. Riduco in vellutata. Con un mixer a immersione dotato di salvapentola, riduco i pezzi di zucca in una vellutata piuttosto liquida. Eventualmente regolo la consistenza allungando con il brodo o restringendo sulla fiamma. Quando l'acqua della pasta bolle, aggiungo una presa di sale. Ripreso il bollore, metto a cuocere le tagliatelle.

4. Aggiungo le canocchie. Spezzetto la polpa delle canocchie sgusciate e la aggiungo alla vellutata, mescolando con un mestolo di legno.

5. Unisco le tagliatelle. Quando le tagliatelle sono cotte al dente, le trasferisco nella pentola della vellutata con le canocchie e amalgamo bene. Infine impiatto, completando le porzioni con una canocchia non sgusciata, una macinata di pepe e un filo d'olio extravergine.

COSÌ FA IL CUOCO DI BORDO

Questo gustoso primo, piatto forte del mio amico Massimiliano Mantovani, presenta in modo assolutamente originale la canocchia, parente povera delle ben più blasonate aragoste, e ne abbina la saporita polpa alla delicatezza della vellutata di zucca. Il segreto per ottenere un'ottima vellutata è rispettare rigorosamente il tempo di cottura, facendo in modo che la zucca sia ben cotta prima di ridurla in crema con il mixer a immersione, altrimenti rischia di rimanere granulosa.

ITALIA

DIFFICOLTÀ

25 min.

DA PROVARE ANCHE CON
leccia
pesce serra
scorfano
tonnetto

BUCATINI AL RAGÙ DI MARE

INGREDIENTI PER 4 PERSONE

• 360 g di bucatini trafilati al bronzo • 400 g di polpa di pesce (tipo barracuda, pesce sciabola, sgombro) tagliata a dadini • 550 g di polpa di pomodoro • 1 cipolla grossa • 4-5 foglie di salvia • 1 rametto di rosmarino • mezzo bicchiere di vino bianco • olio extravergine • sale

1. Spino la polpa del pesce. Controllo che la polpa del pesce non abbia spine e, nel caso occorra, la ripulisco accuratamente con l'apposita pinza. Dopodiché la riduco in dadini con un coltello.

2. Preparo il sugo. Trito finemente la cipolla e poi la metto in una padella ad appassire con un filo d'olio extravergine. Sfumo con il vino bianco, lascio evaporare, quindi aggiungo la polpa di pomodoro. Dopodiché metto a bollire l'acqua in cui cuocerò i bucatini.

3. Aggiungo la polpa di pesce. Trascorsi 10 minuti da quando ho messo a cuocere la polpa di pomodoro, aggiungo in padella anche la polpa di pesce sminuzzata. Completo la cottura e, in ultimo, insaporisco con le foglie di salvia e gli aghi di rosmarino tritati finemente. Quando l'acqua in pentola bolle, aggiungo una presa di sale. Ripreso il bollore, metto a cuocere i bucatini.

4. Scolo e salto la pasta. Al giusto punto di cottura, scolo i bucatini e li trasferisco nella padella del condimento. Quindi li salto su fuoco moderato qualche minuto per far amalgamare bene gli ingredienti. Infine, distribuisco la pasta in 4 piatti fondi e porto in tavola.

NOTE DI SAPORE

Questo primo è opera di Paolo Fanciulli, pescatore maremmano di Talamone, che sa incantare sia quando si mette ai fornelli sia quando parla del mare. Tra i primi ad avviare l'attività di pescaturismo in Italia, guida i suoi ospiti alla scoperta del Parco dell'Uccellina. Grande conoscitore del comportamento dei pesci, sperimenta tecniche di pesca sempre nuove e porta in tavola solo pescato fresco. In cucina segue la regola della semplicità e questi bucatini, così come le sue grigliate e i suoi piatti di crudo, ne sono la prova.

ITALIA

DIFFICOLTÀ

50 min.

DA PROVARE ANCHE CON
tutti i tipi di pesce bianco

LASAGNE TROTA E BROCCOLI

INGREDIENTI PER 6 PERSONE

• 300 g di lasagne all'uovo • 200 g di polpa di trota salmonata • 650 g di broccoli • peperoncino • formaggio grattugiato • aglio • olio extravergine • sale

Per la besciamella: • 2 bicchieri e mezzo di latte • 3 cucchiai e mezzo di farina • 35 g di burro (2 cucchiai)

1. Preparo la besciamella. In un pentolino antiaderente sciolgo il burro, aggiungo la farina e mescolo subito e velocemente con una frusta. Quando sono ben amalgamati, unisco lentamente e a filo il latte a temperatura ambiente. Sempre mescolando, lascio cuocere a fuoco molto dolce fino a 3-4 minuti dal bollore.

2. Lesso e salto i broccoli. Lesso i broccoli in acqua bollente salata, lasciandoli croccanti. Li scolo, mettendo da parte l'acqua, e poi li trasferisco in una padella a insaporire con un filo d'olio, uno spicchio d'aglio e un po' di peperoncino, schiacciandoli con una forchetta per ridurli quasi in purea.

3. Amalgamo besciamella e broccoli. Unisco la besciamella ai broccoli, amalgamo e regolo di sale. Se la salsa è troppo densa, allungo con un po' d'acqua di cottura dei broccoli. A parte, taglio la polpa della trota a dadini.

4. Compongo le lasagne. In una teglia stendo uno strato di besciamella ai broccoli, uno di lasagne, un altro di besciamella ai broccoli e distribuisco un po' di dadini di trota. Spolvero con il formaggio e continuo così fino a esaurimento degli ingredienti.

5. Inforno. Quando arrivo all'ultimo strato, spalmo bene la besciamella con un cucchiaio. Poi metto a cuocere in forno preriscaldato a 180 °C. Dopo una ventina di minuti, spolvero con il formaggio grattugiato e rimetto in forno per circa 5 minuti, cioè finché si forma una crosticina dorata in superficie.

COSÌ FA IL CUOCO DI BORDO

Per preparare al meglio questo gustosissimo piatto, che mi ha fatto assaggiare la mia amica Emanuela Busà, sbollenta le sfoglie di pasta prima di metterle in teglia anche se sulla confezione leggi che non è necessario. In questo modo le lasagne saranno mille volte più buone! Se proprio non hai il tempo di farlo, versa lungo i bordi della teglia un bicchiere di latte per non rischiare che secchino in cottura.

ITALIA

DIFFICOLTÀ

20 min.

DA PROVARE ANCHE CON
calamari
seppie

GNOCCHI CON TOTANI AL PISTACCHIO

INGREDIENTI PER 4 PERSONE

• 400 g di gnocchi di patate • 300 g di totani (3 molluschi medi) • 20 g di salsa al pistacchio verde • 30 g di burro (2 cucchiai) • 3 cucchiai d'olio extravergine • 6 foglie di salvia grandi • aglio • sale

1. Pulisco e taglio i totani. Afferro tentacoli e corpo di un totano e sfilo delicatamente i primi, facendo fuoriuscire anche le interiora. Pulisco il ciuffo di tentacoli da occhi e viscere, poi elimino il rostro e le parti più coriacee. Inserendo pollice e indice nel sacco, individuo la penna e la estraggo, quindi lavo per bene sotto acqua corrente. Ripeto il procedimento anche con gli altri totani. Una volta puliti tutti, li tagliuzzo a pezzettini.

2. Soffriggo l'aglio. In una padella faccio sciogliere burro e olio extravergine, quindi rosolo uno spicchio d'aglio in camicia schiacciato.

3. Aggiungo totani e crema di pistacchio. Metto a rosolare in padella anche i totani tagliuzzati e, dopo qualche minuto, aggiungo la salvia spezzettata con le mani. Dopodiché elimino lo spicchio d'aglio, aggiungo la salsa al pistacchio verde e mescolo con un mestolo di legno.

4. Allungo e salto gli gnocchi. Mentre metto a cuocere gli gnocchi in acqua bollente salata, controllo la cottura del condimento, mescolando con un mestolo di legno e allungando con l'acqua degli gnocchi. Appena questi vengono a galla, li scolo e li trasferisco in padella. Quindi li salto a fuoco moderato, eventualmente allungando ancora con la loro acqua di cottura. Infine, impiatto e porto in tavola.

CHE PESCI PIGLIARE

Sai distinguere un calamaro da un totano? Le carni del totano sono più coriacee e, soprattutto, le sue ali sono corte e più larghe e non arrivano mai a occupare la metà del corpo. Inoltre, i tentacoli sono più grossi, le ventose hanno un anello cartilagineo piuttosto duro e la penna è più stretta ed esile. Diverso è anche il periodo dell'anno in cui questi 2 molluschi cefalopodi sono al top: il totano lo è a dicembre e gennaio; il calamaro lo è da novembre a marzo.

PRIMI PIATTI

ITALIA

DIFFICOLTÀ

★★

20 min.

DA PROVARE ANCHE CON

vongole

SPAGHETTI COZZE E ZUCCHINE

INGREDIENTI PER 4 PERSONE

• 300 g di spaghetti alla chitarra freschi • 1 kg di cozze (1 sessantina di molluschi) • 1 zucchina • 1 cipolla • 1 peperoncino secco • prezzemolo • aglio • vino bianco • olio extravergine • sale

1. Apro le cozze a crudo. Se necessario, spazzolo le cozze. Le lavo, elimino il bisso e ne apro 2 terzi con un coltello: faccio leva sulla giuntura in rilievo all'estremità appuntita della conchiglia, infilo la lama tra le valve percorrendo 3 quarti del perimetro e le separo, avendo cura di non romperle.

2. Soffriggo. In una padella soffriggo nell'olio extravergine la cipolla affettata sottilmente con uno spicchio d'aglio. Aggiungo la polpa cruda delle cozze aperte e la zucchina tagliata a dadini, quindi mescolo. Poi sfumo con il vino bianco. Infine, aggiungo il peperoncino secco tritato.

3. Aggiungo le altre cozze. Nella stessa padella metto anche le cozze rimaste in conchiglia e le apro. Se qualcuna resta chiusa, la scarto. Con un cucchiaio elimino anche eventuali pezzetti di guscio rimasti sul fondo. A fine cottura, spolvero con il prezzemolo tritato.

4. Cuocio gli spaghetti e li salto. Cuocio gli spaghetti in acqua bollente salata, quindi li scolo e li salto per qualche minuto a fuoco moderato con tutte le cozze e i dadini di zucchina. Impiatto e servo.

NOTE DI SAPORE

Gli spaghetti di questa ricetta prendono il nome dallo strumento con cui si lavorano, la *chitarra* per l'appunto. Si tratta di un telaio di fili metallici con base di legno, corredato da un piccolo matterello. Passandovi attraverso, l'impasto prende la forma di spaghetti a sezione quadrata. Inventata a Chieti nel 1860, oggi la chitarra è venduta nei mercatini e nei negozi d'artigianato.

RISOTTO AI CALAMARI

INGREDIENTI PER 4 PERSONE

• 300 g di riso tipo carnaroli (o vialone nano o arborio) • 600 g di calamari (6 molluschi medi) • 3 cucchiai di formaggio grattugiato • aglio • 1,2 litri di brodo (di pesce o di verdure) • 1 bicchiere di vino bianco • olio extravergine • sale

1. Taglio i calamari a striscioline. Pulisco i calamari tenendo eventualmente da parte la sacca del nero, li lavo accuratamente sotto acqua corrente e poi li taglio a pezzetti.

2. Li rosolo. In un tegame soffriggo uno spicchio d'aglio tritato nell'olio extravergine, quindi aggiungo i pezzetti di calamaro e rosolo per qualche minuto. Poi sfumo con il vino bianco, aggiungo il riso e lo faccio tostare.

3. Cuocio il risotto. Quando il riso è ben tostato, inizio ad allungare con il brodo bollente e continuo a farlo a mano a mano che si asciuga, ricordando di rimestare. A fine cottura, regolo di sale. Se gradisco, aggiungo anche il nero. Lontano dai fuochi, manteco con il formaggio grattugiato.

CHE PESCI PIGLIARE

Tendiamo tutti ad associare il nero alle seppie, perché effettivamente l'inchiostro di queste ultime è il più usato in cucina. Però nulla vieta di utilizzare anche quello di calamari o totani. In ogni caso, la consistenza del nero è sempre un buon indizio per capire se il mollusco è veramente fresco o se è stato già surgelato e scongelato. In quest'ultimo caso è granuloso, mentre normalmente è liquido.

ITALIA

DIFFICOLTÀ ★★

30 min.

DA PROVARE ANCHE CON
seppie
totani

PRIMI PIATTI

MAROCCO

DIFFICOLTÀ

50 min.

DA PROVARE ANCHE CON
tutti i tipi di pesce bianco da zuppa, seppie, totani, mazzancolle

CHORBA DI PESCE

INGREDIENTI PER 4 PERSONE

• 200 g di capelli d'angelo (o filini) • 160 g di polpa di pesce bianco • 160 g di calamari (2 molluschi piccoli) • 160 g di gamberetti (1 quindicina di crostacei) • 100 g di champignon freschi (o in barattolo al naturale) • 2 cipolle gialle • 2 pomodori sodi (o 3 pomodori pelati) • 40 g di concentrato di pomodoro • prezzemolo • coriandolo fresco • 1 bustina di zafferano • aglio • olio extravergine • sale e pepe

1. Soffriggo. In una padella verso abbondante olio, quindi soffriggo le cipolle tritate e uno spicchio d'aglio. Poi spolvero di zafferano e mescolo con un mestolo di legno.

2. Aggiungo i calamari. Dopo averli eviscerati, lavati e tagliati a pezzetti, metto anche i calamari in padella e li cuocio per 3-4 minuti, aggiungendo mezzo bicchiere d'acqua calda. Alzo la fiamma e, quando tutto torna a sobbollire, la abbasso.

3. Aggiungo pesce e funghi. In padella metto a cuocere anche la polpa del pesce, accuratamente spinata e ridotta a dadini piccolissimi, e i funghi, precedentemente ripuliti della terra, tamponati con carta da cucina inumidita e affettati.

4. Aggiungo il pomodoro e allungo. Unisco il concentrato di pomodoro e amalgamo. Poi allungo con un litro d'acqua tiepida o più, a seconda di quanto voglio brodosa la minestra. Aggiungo i pomodori spellati (o i pomodori pelati) a dadini, metto il coperchio e faccio cuocere per 10 minuti.

5. Cuocio la pasta. Aggiungo la pasta e i gamberetti sgusciati e ridotti a pezzetti, il prezzemolo e il coriandolo tritati finemente. Regolo di sale, spolvero di pepe e lascio continuare la cottura per 5 minuti, ovvero fino a quando la minestra si è addensata. Impiatto e servo la minestra ben calda.

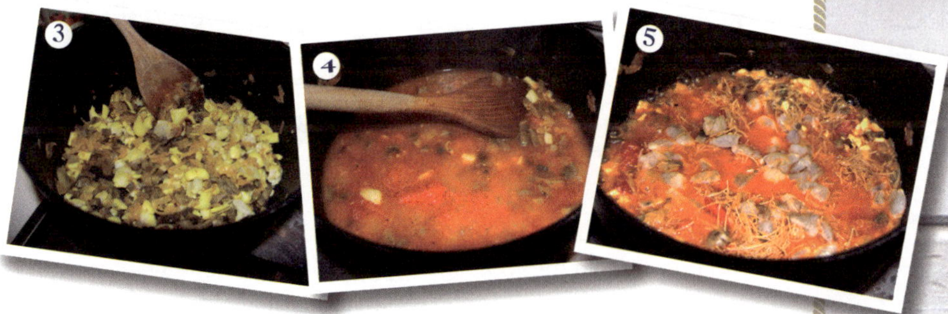

NOTE DI SAPORE

Questa è una versione marocchina molto particolare della *chorba*, minestra araba diffusa in tutta l'Africa settentrionale. Particolare perché la chorba è solitamente preparata rosolando in olio carne di montone tagliata a pezzi, specialmente coda, con cipolla, aglio, pomodoro e zucchine. Vi si aggiungono poi acqua con ceci o fagioli, qualche foglia di menta, zafferano e, a fine cottura, pastina o pasta secca spezzata. Inutile dire che la chorba a base di pesce non ha nulla da invidiare a quella con la carne. Il segreto sta nel trovare la consistenza giusta: a fine cottura, per legare meglio gli ingredienti puoi aggiungere un cucchiaio di farina di mais.

ITALIA

DIFFICOLTÀ

30 min.

DA PROVARE ANCHE CON
gamberi
mazzancolle

TAGLIATELLE SCAMPI E CARCIOFI

INGREDIENTI PER 2 PERSONE

• 320 g di tagliatelle al nero di seppia • 6 scampi • 4 carciofi • 2-3 pomodori medi • 4 cucchiaini di burro • aglio • brodo vegetale • olio extravergine • sale

1. Rosolo i carciofi. Mondo i carciofi e li taglio a fettine sottili. In una padella metto a soffriggere uno spicchio d'aglio in un filo d'olio extravergine. Quindi aggiungo le fettine di carciofo, metto il coperchio e continuo la cottura per 7-8 minuti, allungando al bisogno con brodo vegetale (o acqua) caldo. Nel frattempo, in una pentola metto a bollire l'acqua in cui cuocerò le tagliatelle.

2. Aggiungo i pomodori. Taglio i pomodori a dadini e li aggiungo ai carciofi. Una volta ammorbiditi, unisco il burro e lascio sciogliere. Quindi regolo di sale. Quando l'acqua in pentola raggiunge l'ebollizione, aggiungo una presa di sale. Ripreso il bollore, metto a cuocere la pasta.

3. Aggiungo gli scampi. Mentre carciofi e pomodori cuociono, mi occupo degli scampi: li lavo, ne sguscio 3 ed elimino il filo intestinale. Lascio interi gli altri 3, incidendo solo la coda per il lungo in modo da dividerla in 2 parti uguali. Poi li metto a cuocere in padella con gli altri ingredienti per pochi minuti.

4. Scolo e salto le tagliatelle. Quando la pasta è al dente, la scolo e la trasferisco nella padella del condimento. Quindi la salto, aggiungendo un filo d'olio extravergine per legare meglio gli ingredienti.

COSÌ FA IL CUOCO DI BORDO

Questo piatto è davvero strepitoso, ma se vuoi sorprendere ancora di più cucinalo con la pasta al nero di seppia fresca. Per 4 persone impasta in una ciotola 250 g di farina di grano duro, 8 g di nero, 3 uova e un pizzico di sale fino a ottenere un composto omogeneo. Stendi la pasta con un matterello in una sfoglia spessa circa 1 mm, poi infarinala, arrotolala e tagliala formando tagliatelle di 5-6 mm. Se il nero di seppia fosse troppo denso, puoi diluirlo con un goccio d'olio extravergine per riuscire a impastare meglio.

ITALIA

DIFFICOLTÀ

1 ora 10 min.

DA PROVARE ANCHE CON
calamari
totani

DOPPIA VELLUTATA CON SEPPIE

INGREDIENTI PER 4 PERSONE

• 400-500 g di seppie (2 molluschi grossi) • 10 gherigli di noce • timo • salvia • vino bianco • olio extravergine • sale
Per la vellutata di zucca: • 500 g di zucca • 1 cipolla • 1,5 litri di brodo vegetale • pepe
Per la vellutata di ceci: • 220 g di ceci lessati • mezza cipolla • 500 ml di brodo vegetale

1. Rosolo le seppie. In una padella verso un filo d'olio extravergine, aggiungo le seppie tagliate a pezzetti e sfumo con il vino.

2. Aggiungo le noci. Evaporato il vino, aggiungo i gherigli di noce spezzettati grossolanamente, un po' di timo e un po' di salvia spezzettata. Poi regolo di sale.

3. Preparo la vellutata di zucca. In una pentola soffriggo la cipolla affettata grossolanamente e aggiungo la zucca a pezzi. Copro con il brodo e cuocio per 20-25 minuti. Se il brodo è di verdure, regolo di sale; se è di dado, non ne aggiungo. Con il mixer a immersione riduco in vellutata, quindi spolvero di pepe. Al momento di impiattare, per prima cosa stendo un letto di vellutata di zucca.

4. Preparo la vellutata di ceci. A parte, soffriggo mezza cipolla affettata grossolanamente e aggiungo i ceci. Copro con il brodo, eventualmente regolo di sale e lascio sobbollire per 15 minuti. Poi riduco in vellutata con il mixer a immersione. Quando impiatto, metto al centro della vellutata di zucca qualche cucchiaiata di vellutata di ceci.

5. Completo il piatto. Con un cucchiaio stendo la vellutata di ceci dandole la forma di una croce. Quindi metto al centro della croce qualche cucchiaiata di seppie rosolate con le noci e porto in tavola.

IL PIATTO CAMBIA ROTTA

Questo piatto è veramente scenografico e gustoso e non può che sorprendere i tuoi invitati. Se però hai meno tempo e non stai organizzando un pranzo o una cena delle grandi occasioni, puoi anche cucinare un solo tipo di vellutata. Considera che puoi anche prepararla in abbondanza, versarla in vasetti di vetro, sterilizzarli sulla fiamma per 40 minuti sommergendoli d'acqua e raffreddandoli nella stessa acqua. In questo modo puoi conservare la vellutata in dispensa anche per un anno e scaldarla al momento giusto.

PRIMI PIATTI

ITALIA

DIFFICOLTÀ

30 min.

DA PROVARE ANCHE CON
vongole

SPAGHETTI COZZE E ZAFFERANO

INGREDIENTI PER 4 PERSONE

• 320 g di spaghetti • 500 g di cozze (1 trentina di molluschi) • 1 melanzana • 4-5 pomodorini • peperoncino • 1 bustina di zafferano • mezzo bicchiere di vino bianco • aglio • olio extravergine • sale

1. Apro le cozze. Se necessario, spazzolo le cozze. Dopodiché le lavo, tolgo il bisso e le metto ad aprire in una padella su fuoco moderato insieme a un filo d'olio, un trito d'aglio e un pizzico di peperoncino. Dopo aver sfumato con il vino bianco, aggiungo i pomodorini tagliati a metà, poi metto il coperchio e continuo la cottura scuotendo di tanto in tanto per far distribuire uniformemente il vapore. Spengo la fiamma quando le cozze sono aperte e, se ne rimane qualcuna chiusa, la elimino. Con un cucchiaio elimino anche eventuali pezzetti di guscio rimasti nel liquido di cottura.

2. Soffriggo la melanzana. In un altro tegame sistemo la melanzana tagliata a julienne e la soffriggo in un filo d'olio. Nel frattempo, riempio una pentola d'acqua e porto a ebollizione. Aggiungo una presa di sale e, quando riprende il bollore, metto a cuocere gli spaghetti.

3. Aggiungo lo zafferano. Dopo aver stemperato lo zafferano in un po' d'acqua di cottura della pasta, lo aggiungo nella padella delle cozze.

4. Scolo e salto gli spaghetti. Quando gli spaghetti sono al dente, li trasferisco nella padella delle cozze allo zafferano. Aggiungo la melanzana e salto la pasta qualche minuto a fuoco moderato per farle assorbire bene tutti i sapori. Impiatto e porto in tavola.

COSÌ FA IL CUOCO DI BORDO

Sai qual è il trucco per pulire le cozze al meglio? Usare il sale grosso! Lo sanno bene i pescatori, che, quando staccano le cozze dal "grappolo", le mettono in un recipiente di metallo, le cospargono con abbondante sale e poi le muovono energicamente finché sfregandosi tra loro diventano lucidissime. Perché, dunque, non imparare dai pescatori? Se vogliamo rendere più lucide le cozze che serviremo in conchiglia, cospargiamole con un po' di sale grosso.

ITALIA

DIFFICOLTÀ

55 min.

DA PROVARE ANCHE CON
tutti i tipi di pesce bianco da trancio

STROZZAPRETI AL PESCE SCIABOLA

INGREDIENTI PER 4 PERSONE

• 320 g di strozzapreti trafilati al bronzo • 400 g di pesce sciabola (2 tranci) • 2 carciofi • 5-6 olive taggiasche • timo • aglio • mezzo bicchiere di vino bianco • il succo di 1 limone • olio extravergine • sale

1. Taglio i carciofi a fettine. Mondo i carciofi, privandoli del gambo, delle parti più dure e della barbetta. Quindi li riduco in fettine sottili, che metto in una ciotola piena d'acqua acidulata con il succo del limone.

2. Affetto la polpa del pesce. Dopo averli sciacquati brevemente sotto acqua corrente e tamponati con carta da cucina, taglio i tranci di pesce sciabola a dadini.

3. Rosolo i carciofi. In una padella soffriggo uno spicchio d'aglio in un filo d'olio extravergine, quindi aggiungo le fettine di carciofo e le lascio rosolare. Dopodiché allungo con 2 mestoli d'acqua calda (o meglio ancora di brodo vegetale o di pesce) e abbasso la fiamma. Metto il coperchio e faccio cuocere per 40-45 minuti, allungando al bisogno sempre con acqua calda (o brodo caldo). Nel frattempo, metto a cuocere la pasta in acqua bollente salata.

4. Aggiungo il pesce sciabola. Quando le fettine di carciofo sono belle morbide, aggiungo i dadini di pesce sciabola. Dopodiché sfumo con il vino bianco. In ultimo, aggiungo le olive taggiasche sminuzzate e qualche fogliolina di timo.

5. Salto gli strozzapreti. Al giusto punto di cottura, scolo la pasta tenendone da parte l'acqua. Quindi la trasferisco nella padella del condimento e la salto per qualche minuto, aggiungendo al bisogno un po' d'acqua di cottura e facendo amalgamare bene. Infine, impiatto e porto in tavola.

CHE PESCI PIGLIARE

Se non hai mai assaggiato il pesce sciabola, non farti ingannare dall'aspetto. Questo lungo, sottile e argentato predatore – noto anche con tantissimi altri nomi come *pesce spatola, pesce bandiera, pesce fiamma, lama d'argento* – ha carni ottime, soprattutto nel periodo che va da maggio a ottobre. Relativamente comune nel Mediterraneo, non è diffusissimo sui banchi del pesce quindi è meglio ordinarlo nella propria pescheria di fiducia.

PRIMI PIATTI

ITALIA

DIFFICOLTÀ

30 min.

DA PROVARE ANCHE CON
ombrina
pagello
scorfano

RUSTICHELLI ALLA TRIGLIA

INGREDIENTI PER 4 PERSONE

• 400 g di rustichelli ai 5 cereali • 600 g di triglia (6 pesci) • 5-6 pomodorini • 1 ciuffo di basilico • mezzo bicchiere di vino bianco • aglio • olio extravergine • sale

1. Sfiletto le triglie. Eviscero e riduco le triglie in filetti. Quindi con una pinzetta ne ripulisco attentamente la polpa dalle spine. Infine, le privo della pelle.

2. Preparo il condimento. In una padella verso un filo d'olio extravergine, quindi soffriggo uno spicchio d'aglio in camicia schiacciato. Poi aggiungo i filetti di triglia, sfumo con il vino bianco e lascio evaporare. Dopodiché aggiungo i pomodorini tagliati in 4 parti, lascio continuare la cottura e infine insaporisco con qualche foglia di basilico.

3. Cuocio e salto i rustichelli. Metto a cuocere i rustichelli in acqua bollente salata, quindi li scolo e tengo da parte l'acqua di cottura. Infine, li trasferisco nella padella del condimento. Salto a fuoco moderato, facendo amalgamare bene gli ingredienti e, se necessario, allungando con un po' d'acqua di cottura. Impiatto e servo.

COSÌ FA IL CUOCO DI BORDO

Questo sugo di triglia è delizioso con qualsiasi tipo di pasta, ma con i rustichelli è davvero il massimo. Per prepararli, impasta 500 g di farina ripartita tra semola di grano duro e farine di segale (6%), mais (3%), orzo (3%), avena (2%), soia senza Ogm (6%). Impasta con acqua tiepida, crea dei rotolini e tagliali a cilindretti di circa 3 cm. Colloca su ogni cilindretto un sottile ferro per lavorare a maglia e fallo avvolgere dalla pasta arrotolandolo su se stesso. Sfila i rustichelli e mettili ad asciugare su un telo per una notte.

MINESTRA DI PESCE CON SPAGHETTI

ITALIA

DIFFICOLTÀ ★★★

1 ora 40 min.

DA PROVARE ANCHE CON tutti i tipi di pesce bianco da zuppa

INGREDIENTI PER 4 PERSONE

• 200 g di spaghetti • 800 g di pesce bianco tipo mormora, musdea, nasello, pesce prete, tracina • 4-5 pomodorini • peperoncino • prezzemolo tritato • aglio • 4 cucchiai d'olio extravergine • sale

1. Sfiletto il pesce e preparo il brodo. Eviscero, sfiletto e spino il pesce senza scartare teste e lische. Metto i filetti da parte e preparo il brodo: in una pentola verso 1,5 litri d'acqua, porto a bollore e aggiungo lische e teste dei pesci. Quindi lascio cuocere per 40 minuti circa, schiumando all'occorrenza.

2. Preparo il sugo. In un filo d'olio extravergine soffriggo 2 spicchi d'aglio, quindi aggiungo i pomodorini a metà e lascio cuocere per 20 minuti circa.

3. Filtro il brodo. Quando il brodo è pronto, lo filtro con un colino cinese sovrapposto a una pentola. Dopodiché lo restringo sulla fiamma per altri 5 minuti.

4. Aggiungo sugo e pesce. Sistemo un passatutto direttamente sulla pentola del brodo, vi passo il sugo e lo lascio cadere in pentola. Riaccendo la fiamma, aggiungo i filetti di pesce, regolo di sale, insaporisco con un pizzico di peperoncino e continuo la cottura in modo che i filetti si disfino. Poi lego con un filo d'olio extravergine e porto a bollore.

5. Cuocio gli spaghetti. Raggiunta l'ebollizione, aggiungo gli spaghetti spezzettati. Una volta cotti, spengo la fiamma. Impiatto, spolvero di prezzemolo tritato e servo.

NOTE DI SAPORE

Questa minestra è uno dei saporiti ricordi che mi ha lasciato Anzio, bellissima località del Lazio. Lì, come in altre zone costiere del nostro Paese, per le minestre usano la cosiddetta *mazzama*, ovvero il pesce di scarso valore commerciale rimasto nelle reti dei pescatori e comprato direttamente sulle barche. In altre parole, quel "pesce povero" che ancora una volta riesce a dimostrarci quanto è ricco di gusto.

ZUPPE E PIATTI UNICI

Piatti di origine popolare,
spesso nati a bordo dei pescherecci
o nelle case dei pescatori,
in cui il profumo di pesci,
crostacei e molluschi
è sprigionato da brodi saporiti
o esaltato dal connubio
con diversi ingredienti.
Unici di nome o di fatto

FRANCIA

DIFFICOLTÀ

1 ora 30 min.

DA PROVARE ANCHE CON
tutti i pesci da zuppa

BOUILLABAISSE

INGREDIENTI PER 2 PERSONE

• 800 g di pesce da zuppa (3 tracine, 1 scorfano, 2 gallinelle, 2 pesci prete, 4-5 gamberi o 1 granchio) • 1 cipolla • 2 pomodori • 2 cucchiai di passata di pomodoro (o di concentrato di pomodoro) • 1 cucchiaio colmo di farina • 1 bustina di zafferano • 2 chiodi di garofano • 1 rametto di timo • 500 ml di brodo di pesce • olio extravergine

Per la presentazione: • 4 fette di pane (toscano o pugliese) • aglio • olio extravergine

1. Soffriggo cipolla e pomodori. In un'ampia padella soffriggo timo e chiodi di garofano nell'olio extravergine e poi appasisco la cipolla tritata grossolanamente. Aggiungo i pomodori a dadini e lascio cuocere per 5 minuti con il coperchio.

2. Metto a cuocere i crostacei. Unisco la passata di pomodoro (o il concentrato) e continuo la cottura per 3-4 minuti (o 1 minuto), quindi metto a cuocere i gamberi (o il granchio) sgusciati ma con le teste.

3. Aggiungo i pesci. In ordine di tempo di cottura aggiungo tutti i pesci squamati ed eviscerati interi. Metto il coperchio e continuo a cuocere per 5 minuti.

4. Unisco lo zafferano. Allungo con 250 ml d'acqua e 500 ml di brodo di pesce (oppure 750 ml d'acqua e una presa di sale) bollenti, copro di nuovo e lascio cuocere per 40 minuti. A metà cottura aggiungo lo zafferano, stemperato in acqua calda. Di tanto in tanto scuoto la padella per amalgamare gli ingredienti.

5. Rapprendo e impiatto. Amalgamo la farina con un cucchiaio e mezzo d'olio extravergine, quindi a qualche minuto dal termine ne aggiungo un pochino alla volta muovendo leggermente il sugo con una frusta per rapprendere. Dopodiché metto a tostare in forno preriscaldato a 200 °C le fette di pane irrorate con un filino d'olio. Le sforno, le strofino con uno spicchio d'aglio svestito e poi le servo assieme alla zuppa.

NOTE DI SAPORE

La *bouillabaisse* è la sublime zuppa provenzale il cui nome pare derivi da *bouillir* (bollire) e *abaisser* (abbassare) perché la vivanda va cotta a fiamma vivace, da ritirare appena preso il bollore. Ne esistono varianti infinite, ma i punti fermi sono la presenza dello zafferano e l'assenza dei mitili. Di solito è accompagnata dalla *rouille*, salsa ottenuta da 2 peperoni rossi senza semi e una patata lessata passati al mixer con un cucchiaio d'olio e poi allungati con il fondo di pesce fino a raggiungere la densità di una maionese.

ITALIA

DIFFICOLTÀ

35 min.

DA PROVARE ANCHE CON
tutti i crostacei da zuppa

ZUPPA DI CANOCCHIE

INGREDIENTI PER 4 PERSONE

• 20 canocchie • 200 g di asparagi • 2 patate • 1 cipolla rossa piccola • prezzemolo tritato • peperoncino • aglio • mezzo bicchiere di vino bianco • olio extravergine • sale e pepe
Per la presentazione: • 8 fette di pane tostato

1. Pulisco le canocchie. Dopo aver lavato le canocchie, con una forbice robusta le privo della testa, delle "spine" laterali e delle alette. Quindi riduco la cipolla in una julienne grossolana, gli asparagi in tocchetti, tagliandoli in diagonale, e le patate in piccole fette sottilissime.

2. Soffriggo. In un tegame soffriggo l'aglio in camicia schiacciato e il peperoncino tritato in un filo d'olio extravergine, quindi aggiungo la cipolla, le patate e i tocchetti di gambo d'asparago ma non le punte.

3. Aggiungo le canocchie. Dopo qualche minuto di cottura, aggiungo le canocchie, regolo di sale, unisco le punte degli asparagi e sfumo con il vino bianco. Metto il coperchio e continuo la cottura per 7 minuti circa. Dopodiché spolvero di prezzemolo tritato e aggiungo una macinata di pepe e un pizzico di peperoncino.

4. Impiatto. Preparo le porzioni sistemando sul fondo di ogni piatto 2 fette di pane tostato e ricoprendo con le canocchie. Quindi servo.

CHE PESCI PIGLIARE

Detta anche *panocchia*, la canocchia è un crostaceo che si esprime al meglio nelle zuppe, ma è buonissima anche ripiena oppure lessata e condita con un'emulsione di olio, limone, sale, pepe e prezzemolo tritato. Quando la pulirai, vedrai quanto sono particolari le sue zampe anteriori, usate come potentissimi artigli da proiettare in avanti a una velocità straordinaria (oltre 20 metri al secondo) per colpire le prede. Il periodo migliore per gustare le canocchie va da settembre a marzo.

SA CASSOLA

ITALIA

DIFFICOLTÀ

30 min.

DA PROVARE ANCHE CON
tutti i molluschi in conchiglia e i pesci da zuppa

INGREDIENTI PER 4 PERSONE

• 800 g tra cefali e orate (4-5 tranci in totale) • 600 g di anguilla (2-3 pesci) • 600 g di cozze (1 trentina di molluschi) • 400 g di vongole (1 trentina di molluschi) • 4-5 granchi • 1 cipolla • 4-5 pomodori secchi • 200 g di polpa di pomodoro • concentrato di pomodoro • basilico • aglio • fumetto di pesce • olio extravergine • sale e pepe
Per la presentazione: • 8 fette di pane tostato

1. Soffriggo. In una capiente casseruola metto a soffriggere la cipolla tritata grossolanamente in un filo d'olio extravergine. Quando la cipolla è dorata, aggiungo 2 spicchi d'aglio a lamelle, i pomodori secchi a listarelle e un cucchiaio di concentrato di pomodoro.

2. Rosolo i pesci. Metto in casseruola le anguille eviscerate e tagliate a pezzi, senza testa né coda ma con la pelle. Lascio rosolare per 5 minuti, dopodiché aggiungo anche i tranci di cefalo e, dopo poco, quelli di orata. Quindi allungo con il fumetto caldo, lascio cuocere per una decina di minuti, controllando la cottura e continuando ad allungare al bisogno.

3. Completo con granchi, vongole e cozze. Aggiungo i granchi, le cozze private del bisso e le vongole e metto il coperchio. Quando i molluschi in conchiglia sono aperti, aggiungo la polpa di pomodoro e lascio cuocere 5 minuti senza coperchio. Completo con qualche foglia di basilico e impiatto con le fette di pane tostato.

COSÌ FA IL CUOCO DI BORDO

L'anguilla ha carni delicatissime, ma molto grasse e quindi deve essere la prima ad andare in pentola se cucinata con pesci più magri. Oltre che nelle zuppe, è buonissima anche fritta, cotta in umido e arrostita. Provare per credere!

ITALIA

DIFFICOLTÀ

1 ora 30 min.

DA PROVARE ANCHE CON
tutti i crostacei e i molluschi in conchiglia da zuppa

FREGOLA SARDA AI FRUTTI DI MARE

INGREDIENTI PER 4 PERSONE

• 1 kg di vongole (1 settantina di molluschi) • 500 g di cozze (1 trentina di molluschi) • 6 gamberoni • 250 g di fregola sarda • 450 g di pomodori pelati • 1 cipolla • aglio • mezzo bicchiere di vino bianco • 500 ml di brodo di pesce (o vegetale) • olio extravergine • sale e pepe

1. Apro cozze e vongole. Se necessario, spazzolo le cozze. Quindi le privo del bisso, le lavo con le vongole e le metto ad aprire in una padella con il coperchio assieme a un filo d'olio a fuoco moderato, scuotendo di tanto in tanto per far distribuire uniformemente il vapore. Se ne è rimasta qualcuna chiusa, la scarto. Quindi sguscio quasi tutte quelle aperte.

2. Filtro il liquido di cottura. Con un canovaccio filtro il liquido di cottura di cozze e vongole e lo metto da parte. Dopodiché preparo un trito di cipolla e spicchio d'aglio.

3. Preparo il sugo. In un'ampia pentola dai bordi alti soffriggo il trito di cipolla e aglio nell'olio extravergine, quindi aggiungo i pomodori pelati e faccio restringere. Mentre i pelati cuociono, li disfo con un mestolo di legno. Dopodiché sfumo con il vino bianco e regolo di sale e pepe. Infine, allungo con il liquido filtrato.

4. Aggiungo i gamberoni. Metto in pentola anche i gamberoni, dopo averli privati delle zampette.

5. Cuocio la fregola. Trascorsi 5 minuti, aggiungo la fregola e continuo ad allungare con il brodo a mano a mano che questo si asciuga, proprio come se fosse un risotto. Al giusto punto di cottura, spengo la fiamma e impiatto, aggiungendo cozze e vongole e usando quelle con il guscio per decorare.

NOTE DI SAPORE

La fregola, detta anche *fregula* o *freula*, è una pasta fresca di grano duro tipica della Sardegna a forma di palline irregolari lavorate a mano, molto simili al couscous, anche se più grossolane. Viene realizzata bagnando con acqua la semola contenuta in un cestino, aiutandosi con la mano in un movimento circolare. Dopodiché viene tostata in forno e assume il tipico colore brunastro. Tradizionalmente è preparata con il sugo di arselle, piccoli mitili molto diffusi nel Mediterraneo, ma anche cucinata così è strepitosa! Se non vivi in Sardegna, la puoi trovare nei supermercati più forniti.

ITALIA

DIFFICOLTÀ

1 ora 50 min.

DA PROVARE ANCHE CON
tutti i pesci, i crostacei e i molluschi da zuppa

ZUPPA DI PESCE DI ANZIO

INGREDIENTI PER 4 PERSONE

• 1 kg di pesce bianco misto eviscerato (1 cernia, 1 gallinella intera e 1 trancio, 1 scorfano, 2 tracine) • 200 g di seppie • 200 g tra scampi e mazzancolle • 300 g tra cozze e vongole veraci aperte con liquido di cottura • acciughe dissalate • 1 quindicina di pomodorini • pezzi di broccolo, zucca e peperone rosso • prezzemolo • peperoncino • aglio • vino bianco • brodo di pesce • aceto • olio extravergine • sale
Per la presentazione: • 8 fette di pane tostato

1. Rosolo le seppie. In un tegame rosolo nell'olio extravergine le seppie eviscerate intere. Quindi preparo un trito di aglio, prezzemolo, qualche filetto di acciuga dissalata e un goccio di vino e poi lo aggiungo nel tegame. Dopodiché unisco i pomodorini a dadini e regolo di sale.

2. Aggiungo il pesce. Aggiungo le tracine intere, quindi allungo con il brodo bollente, metto il coperchio e lascio cuocere per 5 minuti circa. Dopodiché aggiungo la cernia tagliata a tranci, quindi lo scorfano sfilettato, la gallinella intera e il trancio, infine mazzancolle e scampi sgusciati, sempre allungando con il brodo al bisogno.

3. Aggiungo verdure e molluschi. Insaporisco con un pizzico di peperoncino e allungo con il liquido di cottura filtrato di cozze e vongole. Continuo a cuocere con il coperchio, aggiungendo prima pezzi di zucca, peperone e broccolo sbollentati in acqua salata, poi cozze e vongole e un goccio d'aceto. Rimetto il coperchio e completo la cottura.

5. Impiatto. Servo, mettendo a parte le fette di pane tagliate a quadrotti e irrorate di brodo.

CHE PESCI PIGLIARE

La tracina ha carni ottime e sode, si sostituisce bene allo scorfano ed è perfetta per brodetti e zuppe. Dicembre e gennaio sono i mesi migliori per gustarla.

BRODETTO DI CAORLE

ITALIA

DIFFICOLTÀ

50 min.

DA PROVARE ANCHE CON
calamari, rombo, scorfano, suacia, totani, tracina

INGREDIENTI PER 6 PERSONE

• 300 g di triglia (3 pesci) • 1,5 kg di anguilla (6-7 pesci) • 1 kg di seppie (9-10 molluschi medi) • 40 g di triplo concentrato di pomodoro • aglio • prezzemolo tritato • 3 cucchiai d'aceto di vino bianco • olio extravergine • sale e pepe

Per la presentazione: • 8 fette di pane tostato

1. Rosolo le seppie. In una casseruola verso un filo d'olio extravergine, quindi soffriggo 2 spicchi d'aglio in camicia schiacciati. Dopodiché tolgo l'aglio e metto a rosolare le seppie eviscerate e tagliate a listarelle.

2. Aggiungo anguilla e triglie. Allungo con acqua calda per ammorbidire e poi aggiungo prima l'anguilla a pezzi e poi le triglie eviscerate intere.

3. Aggiungo il concentrato. In un bicchiere stempero il concentrato di pomodoro con un goccio d'acqua e l'aceto, quindi lo aggiungo al brodetto. Spolvero con una macinata di pepe, regolo di sale e continuo la cottura per 30 minuti scuotendo di tanto in tanto la casseruola per mescolare gli ingredienti.

4. Impiatto. Distribuisco il brodetto nei piatti, aggiungendo un paio di fette di pane tostato per porzione e completando con una manciata di prezzemolo tritato.

NOTE DI SAPORE

I brodetti di pesce rappresentano una tradizione comune a tutte le culture marinare italiane, dalla Puglia alle Marche, al Friuli-Venezia Giulia. Esistono decine di ricette differenti per cucinare un brodetto, tante quante sono le famiglie di pescatori, però di solito è un tripudio di pesce misto. Specie come la seppia e la triglia sono spesso considerate indispensabili perché la preparazione abbia le caratteristiche volute di sapore e densità.

ITALIA

DIFFICOLTÀ

50 min.

DA PROVARE ANCHE CON
qualsiasi tipo di pesce e mollusco

PANE FRATTAU DI MARE

INGREDIENTI PER 4 PERSONE

• 1 kg di vongole (1 settantina di molluschi) • 320 g di sgombro fresco (1 pesce) • 8-10 sfoglie di pane carasau • 4 uova in camicia (facoltative) • 400 g di polpa di pomodoro • 1 cipolla media • mezzo bicchiere di vino bianco • aglio • olio extravergine • sale

1. Apro le vongole. In una padella con un filo d'olio e uno spicchio d'aglio metto le vongole. Le lascio aprire su fuoco moderato, con il coperchio, scuotendo di tanto in tanto. Dopo aver scartato le vongole rimaste chiuse, privo le altre del guscio. Poi con un canovaccio filtro il liquido di cottura mettendolo in una ciotola.

2. Rosolo lo sgombro. Dopo aver lessato lo sgombro in acqua bollente per 10 minuti, lo sfiletto, lo spello e lo spino. Quindi soffriggo in padella la cipolla affettata sottilmente con un filo d'olio. Dopo qualche minuto, aggiungo lo sgombro. Lo disfo con un mestolo di legno e lascio rosolare.

3. Aggiungo polpa di pomodoro e vongole. Sfumo sgombro e cipolla con il vino. Quindi aggiungo la polpa di pomodoro, regolo di sale e continuo la cottura. Giusto 2 minuti prima di spegnere la fiamma, aggiungo le vongole sgusciate.

4. Ammorbidisco il pane carasau. Nella ciotola del liquido di cottura delle vongole aggiungo un po' d'acqua tiepida. Poi suddivido le sfoglie di pane carasau in pezzi di uguale grandezza, a uno a uno li immergo, li lascio ammorbidire leggermente e li scolo.

5. Preparo gli strati. A mano a mano che scolo i pezzi di pane carasau, li sistemo su 4 piatti piani, quindi cospargo con il sugo di sgombro e vongole. Poi ricopro con un altro pezzo di pane carasau scolato e continuo in questo modo fino a ottenere il numero di strati desiderati. Ricopro di sugo anche l'ultimo pezzo di pane e, se voglio portare in tavola un piatto unico, completo mettendo al centro di ogni pane frattau un uovo in camicia.

COSÌ FA IL CUOCO DI BORDO

Per cuocere l'uovo in camicia, in una casseruola non molto profonda porto a bollore un po' d'acqua a fuoco moderato, aggiungo l'aceto e abbasso la fiamma. In una ciotolina rompo un uovo e lo faccio scivolare delicatamente nell'acqua. Con la schiumarola raccolgo l'albume attorno al tuorlo e lascio cuocere per un paio di minuti. Quindi estraggo l'uovo, lo faccio sgocciolare sulla casseruola stessa e poi lo trasferisco in una ciotolina piena d'acqua fredda.

TUNISIA

DIFFICOLTÀ

50 min.
con i ceci in scatola

1 ora 10 min.
+ ammollo
con i ceci secchi

DA PROVARE ANCHE CON
tutti i tipi di pesce bianco da trancio

COUSCOUS DI PESCE

INGREDIENTI PER 8 PERSONE

• 1 kg di pesce bianco misto da trancio • 600 g di couscous precotto • 1 kg di verdure miste (patate, carote, cipolle, cavolfiore) • 150 g di ceci in scatola (o secchi) • 100 g di polpa di pomodoro • 60 g di uvetta sultanina ammollata • cannella • peperoncino • olio extravergine • sale e pepe

1. Taglio le verdure e rosolo i ceci. Taglio cavolfiore e patate a pezzettoni, le cipolle a grossi spicchi e le carote per il lungo. Se uso i ceci secchi, devo lasciarli in ammollo per 12 ore, sciacquarli e quindi cuocerli a fuoco dolce per 40-60 minuti prima di metterli a rosolare. Se scelgo quelli in scatola, dopo averli sciacquati li metto direttamente in un'ampia padella dai bordi alti con un filo d'olio. Aggiungo la polpa di pomodoro e poi allungo con 1,5 litri d'acqua calda salata.

2. Aggiungo patate e carote. Raggiunta l'ebollizione, inizio ad aggiungere le verdure, partendo da carote e patate. Nel frattempo, squamo, eviscero e taglio i pesci a tranci.

3. Aggiungo le cipolle. Dopo 15 minuti di cottura, aggiungo al brodo anche le cipolle.

4. Aggiungo il cavolfiore. Trascorsi altri 10 minuti, unisco alle verdure in padella anche il cavolfiore. Mentre le verdure cuociono, in una pentola metto a bollire con un pizzico di cannella e uno di sale l'acqua per il couscous, considerando la quantità d'acqua indicata sulla confezione.

5. Aggiungo il pesce e cuocio il couscous.

Dopo altri 10 minuti di cottura, metto a cuocere nel brodo con le verdure anche i tranci di pesce, quindi regolo di sale e pepe, aggiungo un po' di peperoncino e termino la cottura allungando al bisogno con acqua calda. Quindi con le mani sgrano il couscous irrorato con un filo d'olio e, quando l'acqua bolle, spengo la fiamma. Verso il couscous, metto il coperchio e lascio riposare per 5 minuti, fino a quando tutta l'acqua è assorbita. Infine, aggiungo un filo d'olio, risgrano con una forchetta e regolo di sale. In un grande piatto da portata sistemo verdure e pesce su un letto di couscous, completo con l'uvetta ammollata e servo.

NOTE DI SAPORE

Il *couscous*, insieme di granelli di semola addensati con acqua e olio, ha origini arabe. Piatto tradizionale di tutto il Maghreb, in cui viene abbinato alle preparazioni più disparate, con il pesce trova la sua patria d'elezione in Tunisia. Qui non manca mai l'*harissa*, salsa piccante, che per motivi di praticità ho voluto sostituire con il peperoncino. In Europa, il couscous è arrivato dopo l'occupazione francese dell'Algeria prima e della Tunisia poi, cioè dopo la metà del XIX secolo.

ITALIA

DIFFICOLTÀ

40 min.

DA PROVARE ANCHE CON
tutti i tipi di pesce bianco da zuppa

BRODETTO DI NASELLO

INGREDIENTI PER 4 PERSONE

• 1,6 kg di nasello (2 pesci) • 5-6 pomodorini • prezzemolo • aglio • olio extravergine • sale e pepe
Per le polpettine: • 1,6 kg di nasello (2 pesci) • 2 uova • pangrattato • formaggio grattugiato • scorza grattugiata di limone biologico
Per la presentazione: • 8 fette di pane tostato

1. Porto a bollore. In una casseruola piena d'acqua metto i pomodorini tagliati a metà, 2 spicchi d'aglio, un ciuffo di prezzemolo. Quindi accendo la fiamma e porto a bollore, aggiungendo un filo d'olio extravergine.
2. Eviscero e sfiletto. Mentre l'acqua in pentola si restringe, eviscero tutti i naselli. Dopodiché sfiletto quelli che userò per le polpette. Poi spino i filetti, li spello e trito la polpa.
3. Aggiungo il pesce. Quando il brodetto si è ristretto, aggiungo i naselli interi e lascio cuocere per circa 10 minuti, scuotendo di tanto in tanto la casseruola. Quindi regolo di sale e pepe.
4. Preparo le polpettine. In una ciotola amalgamo le uova a formaggio grattugiato, polpa di nasello tritata e pangrattato quanto basta per ottenere un composto sodo ma malleabile. Infine, aggiungo un po' di scorza di limone grattugiata. Modello polpette molto piccole e, a un paio di minuti dalla fine della cottura del brodetto, le aggiungo nella stessa casseruola.
5. Impiatto. Su un piatto da portata sistemo i naselli, aggiungo le fette di pane tostato e le polpettine, irroro con il brodetto e servo.

CHE PESCI PIGLIARE

Anche se molti lo chiamano merluzzo, il nasello è ben diverso dal parente più famoso. Quando arriva sulle nostre tavole è sicuramente più fresco perché vive nel Mediterraneo, mentre il merluzzo nuota nei mari del Nord. Del Mediterraneo il nasello è anche uno dei pesci più pescati, soprattutto da dicembre a marzo, periodo migliore per assaporare la delicatezza delle sue carni.

COUSCOUS DI CERNIA

ITALIA

DIFFICOLTÀ

50 min.

DA PROVARE ANCHE CON
tutti i tipi di pesce bianco da trancio

INGREDIENTI PER 4 PERSONE

• 800 g di cernia (4-5 tranci) • 500 g di couscous precotto • 1 cipolla • 2 zucchine • 2 patate • passata di pomodoro • peperoncino in polvere • prezzemolo tritato • olio extravergine • sale e pepe

1. Preparo il brodo. In una casseruola soffriggo la cipolla tritata nell'olio, unisco il prezzemolo e allungo con acqua calda. Aggiungo un po' di passata, un pizzico di sale e uno di pepe e lascio cuocere per 15 minuti. Quindi aggiungo prima le verdure affettate grossolanamente, partendo dalle patate, e poi i tranci di cernia. Faccio cuocere per altri 15 minuti.
2. Sgrano e cuocio il couscous. In una pentola metto a bollire l'acqua per il couscous, considerando la quantità indicata sulla confezione. Poi in una ciotola inizio a sgranare il couscous con le mani irrorandolo con un filo d'olio. Aggiungo una presa di sale e un po' di prezzemolo e continuo a sgranare. Quando l'acqua bolle, spengo la fiamma. Quindi verso il couscous, metto il coperchio e lascio riposare per 5 minuti, finché tutta l'acqua è assorbita. Aggiungo ancora un filo d'olio e risgrano con una forchetta.
3. Impiatto. In un piatto creo un letto di couscous e vi sistemo le verdure e i tranci. Poi preparo 2 condimenti da servire a parte, versando il brodo in 2 ciotoline e aggiungendo in una anche un po' di peperoncino.

COSÌ FA IL CUOCO DI BORDO

Se ti risulta più comodo, versa l'acqua bollente in una ciotola contenente il couscous. Dopo che sarà assorbita, potrai sgranarlo con l'olio nella stessa ciotola. Questo è un modo molto semplice di preparare il couscous, che invece in Nordafrica si cucina con la *couscoussiera*: nella parte inferiore (*marmite*) si cuociono verdure e pesce nel brodo, in quella superiore forata (*keskes*) la semola cuoce grazie al vapore sprigionato.

ITALIA

DIFFICOLTÀ

45 min.

DA PROVARE ANCHE CON vongole

ZUPPA DI FAGIOLI E COZZE

INGREDIENTI PER 4 PERSONE

• 1 kg di cozze (1 cinquantina di molluschi) • 500 g di fagioli borlotti in scatola • 1 carota • 1 patata • 1 decina di pomodorini • mezza cipolla • 1 bicchiere di vino bianco • brodo vegetale • aglio • olio extravergine • pepe

Per la presentazione: • 4 fette di pane (toscano o pugliese) • olio extravergine

1. Apro alcune cozze. Se necessario, spazzolo le cozze. Poi le lavo, tolgo il bisso e ne apro 3 quarti in una padella con il coperchio insieme a un filo d'olio e a uno spicchio d'aglio su fuoco moderato. Le sguscio e, se ne resta qualcuna chiusa, la scarto. Filtro il liquido di cottura con un canovaccio e lo metto da parte.

2. Apro le altre cozze con i pomodorini. In un'altra padella metto le cozze rimaste con 2 spicchi d'aglio in camicia, un filo d'olio e un pizzico di pepe. Dopo 2 minuti, aggiungo i pomodorini tagliati a metà e sfumo con il vino. Metto il coperchio e apro anche queste cozze. Non le sguscio, ma elimino quelle rimaste chiuse.

3. Soffriggo. In un'ampia casseruola soffriggo in un filo d'olio patata e carota a dadini piccoli e la cipolla tritata grossolanamente. Dopo circa 5 minuti, aggiungo le cozze sgusciate.

4. Cuocio la zuppa. Poco dopo, aggiungo i fagioli sciacquati e sgocciolati. Allungo con il liquido delle cozze filtrato e qualche mestolo di brodo vegetale caldo. Lascio cuocere con il coperchio per una decina di minuti a fuoco dolce.

5. Impiatto. In ogni piatto fondo sistemo qualche mestolo di zuppa, qualche cozza con il guscio e qualche pomodorino. Aggiungo anche le fette di pane che ho irrorato con un filino d'olio e tostato in forno preriscaldato a 200 °C.

IL PIATTO CAMBIA ROTTA

Vuoi dare ancora più gusto alla tua zuppa? Se hai la fortuna di avere un po' più di tempo, usa i fagioli secchi anziché quelli in scatola. La preparazione non cambia, però i fagioli secchi vanno tenuti in ammollo circa 12 ore in acqua. Per facilitare l'ammorbidimento della buccia, è bene che l'acqua all'inizio sia tiepida. Allo stesso scopo c'è chi aggiunge una piccola quantità di bicarbonato di sodio, ma io preferisco non farlo perché altera il sapore e accelera anche la distruzione delle vitamine.

ITALIA

DIFFICOLTÀ

★★★

1 ora 10 min.

DA PROVARE ANCHE CON
tutti i crostacei, molluschi cefalopodi e pesci da zuppa

ZUPPA DI PESCE BIANCA

INGREDIENTI PER 4 PERSONE

• 1 kg tra pesce bianco misto (scorfano, pesce prete), molluschi cefalopodi (moscardini, seppie) e crostacei (canocchie) • 2 patate • 1 cipolla • 3 cipolline bianche • mezzo bicchiere di vino bianco • mentuccia fresca • prezzemolo • aglio • brodo di pesce • olio extravergine • sale

1. Soffriggo aglio e cipolla. In un'ampia padella dai bordi alti verso un filo d'olio extravergine, quindi soffriggo uno spicchio d'aglio e una cipolla affettata grossolanamente.

2. Rosolo i molluschi. Quando la cipolla è appassita, unisco seppie e moscardini eviscerati interi e continuo la cottura a fuoco dolce. Quindi sfumo con il vino bianco, aggiungo un ciuffo di prezzemolo e regolo di sale.

3. Metto a cuocere il pesce bianco. Metto in padella anche pesce prete e scorfano eviscerati interi, quindi allungo con qualche mestolo di brodo bollente.

4. Aggiungo verdure e crostacei. Quando il brodo si è ristretto un po', aggiungo le patate a spicchi e le cipolline intere, quindi insaporisco con qualche foglia di mentuccia. Unisco anche le canocchie pulite e allungo di nuovo con il brodo. Metto il coperchio e lascio cuocere per circa 40 minuti. Impiatto e servo.

NOTE DI SAPORE

Sai qual è la differenza tra zuppa e brodetto di pesce misto? C'è chi sostiene che nelle zuppe ci sia un numero maggiore di pesci, che la zuppa sia un primo o un piatto unico mentre il brodetto possa essere servito anche come secondo, che la zuppa vada necessariamente servita con il pane mentre il brodetto no, che non tutti i pesci fanno brodetto... Solo un fatto è certo: questi piatti, spesso nati a bordo dei pescherecci, sono vere leccornie!

FREGOLA SARDA CON SCORFANO

ITALIA

DIFFICOLTÀ

1 ora 20 min.

DA PROVARE ANCHE CON
tutti i crostacei, molluschi in conchiglia e pesci da zuppa

INGREDIENTI PER 4 PERSONE

• 800 g di scorfano rosso (1 pesce) • 200 g di cozze (1 decina di molluschi) • 120 g di vongole (1 decina di molluschi) • 320 g di fregola sarda • 2 grossi pomodori sbollentati • 1 pomodoro secco • 1 cipolla rossa • peperoncino • prezzemolo • aglio • mezzo bicchiere di vino bianco • olio extravergine • sale

1. Preparo il brodo. Sfiletto e spello lo scorfano, mettendo da parte le "guance", ovvero i cuscinetti di carne collocati vicino all'occhio. Con testa e lische preparo il brodo: soffriggo la cipolla affettata grossolanamente e il pomodoro secco in un filo d'olio, quindi aggiungo gli scarti del pesce, allungo con 2 litri d'acqua e regolo di sale. Lascio cuocere per 30 minuti.

3. Cuocio la fregola. In una pentola capiente tosto la fregola senza condimenti, mescolando con un mestolo di legno. Filtro il brodo con un colino e poi irroro, facendo cuocere a fuoco dolce, mescolando e allungando di tanto in tanto.

4. Apro i molluschi e rosolo il pesce. In una padella metto ad aprire le cozze private del bisso e le vongole con un filo d'olio, uno spicchio d'aglio e un ciuffo di prezzemolo. In un'altra rosolo le guance del pesce con un po' d'olio. In una terza soffriggo nell'olio uno spicchio d'aglio, quindi metto a rosolare la polpa del pesce ridotta in bocconcini e sfumo con il vino.

5. Completo la fregola. Trasferisco i bocconcini rosolati nella pentola della fregola e poi aggiungo i pomodori a dadini e un po' di peperoncino. Infine, regolo di sale. Al giusto punto di cottura della fregola, impiatto scartando cozze e vongole rimaste chiuse.

COSÌ FA IL CUOCO DI BORDO

Lo scorfano rosso ha carne soda e saporita, il suo brodo è uno dei migliori quindi testa e lische non vanno mai scartate. Le guance hanno carni delicatissime e questa ricetta le esalta al meglio.

ZUPPE E PIATTI UNICI

SPAGNA

DIFFICOLTÀ

★★★

1 ora 10 min.

DA PROVARE ANCHE CON

tutti i crostacei e i molluschi in conchiglia e cefalopodi

PAELLA ALLA VALENCIANA

INGREDIENTI PER 4 PERSONE

• 130 g di riso arborio (od originario) • 200 g di calamari (2 molluschi medi) • 4 scampi • 8 cozze • 4 fasolari • 4 tartufi di mare • mezzo pollo novello (facoltativo) • 1 salsiccia fresca • 100 g di piselli • 1 pomodoro grosso • mezzo peperone rosso • 1 cipolla • 1 bustina di zafferano • peperoncino • paprica • vino bianco • brodo vegetale • olio extravergine • sale

1. Rosolo la pancetta. Metto il peperone in forno preriscaldato a 200 °C per 20 minuti circa in modo da riuscire a spellarlo meglio. In una casseruola rosolo la salsiccia in un filo d'olio extravergine, mentre cuoce la disfo con un mestolo di legno e poi la metto da parte. Se gradisco, rosolo anche la carne di pollo ridotta a bocconcini.

2. Metto a cuocere i calamari. Nella stessa casseruola soffriggo cipolla tritata e peperoncino, quindi aggiungo il pomodoro tagliuzzato. Dopo qualche minuto, unisco anche i calamari ad anelli, rosolo e sfumo con mezzo bicchiere di vino.

3. Aggiungo verdure, salsiccia e scampi. Aggiungo i piselli, la salsiccia e il peperone spellato, senza semi e tagliato a quadretti. Unisco anche gli scampi con le teste e mescolo.

4. Tosto il riso. Aggiungo il riso e lo faccio tostare. Quindi allungo con 4 mestoli di brodo bollente e aggiungo lo zafferano stemperato in mezzo bicchiere d'acqua tiepida. Infine, spolvero con un pizzico di paprica.

5. Aggiungo i molluschi. A metà cottura del riso, metto in pentola anche i molluschi in conchiglia, eventualmente privati del bisso. Quindi allungo con 2 mestoli di brodo e continuo a farlo per tutta la durata della cottura, però senza irrorare troppo. Spengo la fiamma dopo aver regolato di sale, quando il riso è ben cotto e tutto il brodo si è asciugato. Impiatto e servo.

NOTE DI SAPORE

Della *paella* (parola che significa *padella* e indica il padellone di ferro in cui viene cotta) questa è la versione più moderna, quella considerata, ma solo dai turisti, il simbolo della cucina spagnola. Ne esiste un'altra storica, classificata dai gastronomi, che però non prevede pesce bensì verdure e carne di coniglio o pollo. Quel che è certo è che sia per gli ingredienti più caratteristici (riso e zafferano) sia per il metodo di cottura (variante del pilaf), la paella ha origini arabe.

SECONDI PIATTI

Perfetti per un pranzo gustoso
o una cena sana e leggera,
sono semplici e prelibati.
Perle della cucina regionale italiana,
ne tramandano
il patrimonio gastronomico.
Protagonisti della tavola mediterranea,
rivelano le molteplici interpretazioni
della cucina di mare,
spesso arricchita dalle verdure

TRIGLIE GRIGLIATE IN SALSA ROMESCO

SPAGNA

DIFFICOLTÀ

20 min. + riposo

DA PROVARE ANCHE CON
tutti i tipi di pesce bianco da filetto

INGREDIENTI PER 2 PERSONE

• 500 g di triglia (2 pesci medi) • 1 limone • olio extravergine
Per la salsa: • 4 pomodori pelati • 20 g di mandorle • 1 cipolla piccola • aglio • paprica • aceto • olio extravergine • sale

1. Squamo le triglie. Squamo le triglie, tenendo il pesce per la coda, sfregandone il dorso con la lama di un coltello e facendo molta attenzione a non intaccarne la polpa. Per praticità, meglio se effettuo questa operazione in una bacinella colma d'acqua o in un lavello.

2. Le sfiletto e le spino. Sfiletto le triglie e con una pinzetta ripulisco per bene i filetti delle spine. Quindi spremo un limone e ne emulsiono il succo con 120 ml di olio extravergine. Dopodiché metto i filetti in un piatto fondo a marinare per un paio d'ore con l'emulsione appena preparata.

3. Trito e soffriggo la cipolla. Spello e trito finemente la cipolla. Quindi la metto a soffriggere in una padella con un filo d'olio extravergine.

4. Preparo la salsa. Trasferisco la cipolla soffritta nel bicchiere del mixer, aggiungo uno spicchio d'aglio svestito, i pomodori pelati senza semi e le mandorle, quindi inizio a ridurre in salsa. Regolo la consistenza con l'olio extravergine per ottenere una purea. Dopodiché aggiungo 2 cucchiaini d'aceto, un cucchiaino di paprica e un pizzico di sale.

5. Griglio i filetti. Sistemo su un piatto da portata un letto di salsa romesco. Scolo i filetti marinati e li metto a grigliare su una piastra riscaldata. Dopo pochi minuti, li trasferisco sul letto di salsa. Quindi porto in tavola.

NOTE DI SAPORE

La *salsa romesco* è tipica della cucina catalana. Originaria della Terragona, viene servita con il pesce, la carne e le verdure grigliate. Essendo una preparazione di tradizione popolare, ne esistono tantissime versioni. Quel che è certo è che ha un sapore molto deciso, spesso dovuto alla grande quantità d'aglio utilizzata, che io ho preferito ridurre (da 6 spicchi a 1). C'è chi addirittura lo sostituisce del tutto alla cipolla e poi aggiunge peperoncino secco, nocciole e pepe. In altre parole, puoi veramente sbizzarrirti combinando questi ingredienti come più preferisci!

PESCE SCIABOLA AI PISTACCHI

ITALIA

DIFFICOLTÀ

20 min.

DA PROVARE ANCHE CON
tutti i tipi di pesce bianco da trancio

INGREDIENTI PER 6 PERSONE

• 700 g di pesce sciabola (1 pesce) • 3 cucchiai di pangrattato • 3 cucchiai di pistacchi né tostati né salati • olio extravergine • sale

1. Impano i tranci. Dopo aver lavato il pesce sciabola e averlo tamponato con carta da cucina, ne elimino la testa, le interiora e lo taglio a tranci della grandezza di un palmo. Con un coltello ben affilato lo privo eventualmente delle pinne. Trito i pistacchi col mixer, azionandolo a intervalli, e poi li mischio al pangrattato. Quindi impano i tranci.

2a. Li friggo. In una padella scaldo un filo d'olio extravergine, quindi friggo i tranci di pesce a fuoco medio. Con l'aiuto di una pinza li capovolgo per farli cuocere uniformemente, regolo di sale e spengo la fiamma quando sono ben dorati. Poi li trasferisco su un piatto rivestito di carta da cucina per far assorbire l'olio in eccesso.

2b. Li inforno. Se desidero un piatto ancora più leggero, posso infornare i tranci: prima li sistemo in una teglia foderata di carta da forno, poi aggiungo un pizzico di sale e un filo d'olio extravergine e infine li metto a cuocere in forno preriscaldato a 180 °C per 15 minuti. Trasferisco i tranci fritti e privati dell'olio in eccesso oppure cotti al forno su un piatto da portata e servo.

IL PIATTO CAMBIA ROTTA

Se vuoi preparare un secondo ancora più particolare, passa i tranci di pesce sciabola in un po' di farina tipo 00, poi nell'uovo sbattuto con un pizzico di sale e infine in un po' di müesli non zuccherato. Quindi friggili in padella con l'olio extravergine e poi mettili su un piatto rivestito di carta da cucina per far assorbire l'olio in eccesso.

ORATA CON VERDURE E PRUGNE

ITALIA

DIFFICOLTÀ

15 min.

DA PROVARE ANCHE CON
branzino, dentice, leccia, occhiata, ombrina, pagello fragolino, pezzogna

INGREDIENTI PER 4 PERSONE

• 1 kg di orata (4 filetti grandi) • 1 zucchina • 1 carota • 1 gambo di sedano • mezza cipolla di Tropea • 5-6 pomodorini • prugne secche denocciolate • peperoncino secco • rosmarino • aglio • acqua profumata alle erbe aromatiche • vino bianco • olio extravergine • sale

1. Taglio le verdure. Mondo tutte le verdure, quindi taglio la carota e la zucchina a rondelle sottili e il sedano a tocchetti.

2. Spello l'orata. Spello i filetti e controllo che siano privi di lische e, nel caso occorra, li ripulisco con l'apposita pinzetta.

3. Soffriggo le verdure. In una padella verso un filo d'olio extravergine, quindi aggiungo uno spicchio d'aglio svestito, un rametto di rosmarino, le rondelle di carota e zucchina e i tocchetti di sedano. Dopodiché regolo di sale.

4. Aggiungo il pesce e le prugne. Quando le verdure sono un po' appassite, aggiungo i filetti di pesce. Quindi sfumo con il vino, lascio evaporare e unisco la cipolla a spicchi. Subito dopo metto in padella anche le prugne secche denocciolate, i pomodorini interi, un pizzico di peperoncino e poi allungo con l'acqua profumata alle erbe aromatiche.

5. Completo la cottura e impiatto. Metto il coperchio e continuo la cottura per 5 minuti circa, quindi impiatto e porto in tavola.

COSÌ FA IL CUOCO DI BORDO

Uno dei segreti per rendere tanto buono questo secondo è l'acqua profumata alle erbe aromatiche. Prepararla è molto semplice: trita le erbe aromatiche che preferisci (tipo erba cipollina, rosmarino, basilico, prezzemolo, timo) e mettile in una pentola con acqua e ghiaccio. Accendi la fiamma e, quando l'acqua è calda (deve arrivare a 60 °C), spegnila. Infine, filtra l'acqua e usala per cucinare l'orata o il pesce che più preferisci, ricordando di consumarla in giornata.

PESCATRICE CURRY E MELANZANA

INGREDIENTI PER 4 PERSONE

• 500 g di polpa di rana pescatrice • 1 melanzana media • curry • 1 cucchiaio di capperi dissalati • 1 scalogno • timo • vino bianco • olio extravergine • sale e pepe

1. Soffriggo. Per prima cosa, riduco la polpa della rana pescatrice in bocconcini e la passo nel curry. Taglio la melanzana a dadini e trito finemente lo scalogno. A questo punto, in una padella soffriggo lo scalogno in un filo d'olio extravergine e poi aggiungo i dadini di melanzana.

2. Rosolo la polpa del pesce. Dopo aver aggiunto i dadini di melanzana, metto il coperchio e lascio cuocere per 3 minuti, allungando con acqua calda se necessario. Quindi metto a rosolare i bocconcini di pesce e sfumo con il vino bianco. Non appena è evaporato, aggiungo i capperi dissalati. Poco prima di concludere la cottura, regolo di sale e pepe e insaporisco con qualche fogliolina di timo.

3. Impiatto. Non appena i bocconcini di pesce e i dadini di melanzana risultano ben cotti, spengo la fiamma. Quindi trasferisco su un piatto da portata e servo.

COSÌ FA IL CUOCO DI BORDO

Le carni della rana pescatrice sono particolarmente adatte ai bambini perché quasi prive di lische e, seppur compatte, molto tenere. Il loro volume, però, in cottura si riduce molto quindi è bene tenerne conto nel calcolo delle porzioni.

ITALIA

DIFFICOLTÀ

20 min.

DA PROVARE ANCHE CON
- dentice
- leccia
- mormora
- occhiata
- pagello

MAROCCO

DIFFICOLTÀ

1 ora 10 min. + riposo

DA PROVARE ANCHE CON tutti i tipi di pesce bianco da filetto

TAGINE DI PESCE CON VERDURE

INGREDIENTI PER 4 PERSONE

• 900 g di pesce bianco (4-5 filetti) • 4 peperoni verdi • 20 patate piccole • 15 pomodorini • olive nere denocciolate • aglio • olio extravergine • sale e pepe

Per la charmoula: • 2 spicchi d'aglio • 2 cucchiaini di cumino fresco macinato • 1 mazzetto di coriandolo fresco • 1 cucchiaino di paprica • il succo di 1 limone • mezzo cucchiaio d'aceto di vino rosso • 1 cucchiaio d'olio extravergine • 1 cucchiaio di sale

1. Metto a marinare il pesce. Con il mortaio o il mixer lavoro gli ingredienti della marinata, prima formando una pasta omogenea di aglio e sale e poi aggiungendo a mano a mano limone, aceto, spezie e olio extravergine. Quindi sistemo i filetti di pesce su un piatto, li spalmo con 2 terzi della charmoula e li metto a marinare in frigorifero da 20 minuti a 2 ore.

2. Lesso le patate. Taglio le patate a metà e le lesso in acqua salata per circa 15 minuti, ovvero fino a quando sono morbide. Quindi le sistemo su un'ampia padella dai bordi bassi.

3. Cuocio peperoni e pomodori. Taglio i peperoni in quattro spicchi, privandoli dei semi, quindi li griglio sulla piastra calda e li spello. Dopodiché metto a soffriggere 2 spicchi d'aglio in un filo d'olio extravergine e metto ad appassire i pomodorini a dadini. Quindi aggiungo i peperoni, la charmoula, regolo di sale e pepe e spengo la fiamma.

4. Cuocio i filetti e impiatto. Nella padella con il letto di patate creo uno strato con 3 quarti dei pomodori e dei peperoni, quindi vi adagio i filetti e un altro strato di pomodori e peperoni. Cospargo con le olive tagliuzzate, irroro con un filo d'olio extravergine e allungo con mezzo bicchiere d'acqua calda. Metto il coperchio e continuo la cottura per 10-15 minuti a fuoco medio. Dopodiché impiatto e servo.

NOTE DI SAPORE

Sai perché questo gustoso secondo piatto si chiama *tagine* (o *tajine*)? Perché è il nome del caratteristico recipiente in terracotta con coperchio conico in cui viene cotto in Marocco, dove è particolarmente diffuso, e in tutto il Nordafrica. Si tratta di un piatto in cui le verdure esaltano il pesce o la carne con il grande pregio di non aver necessità di accompagnamento se non di un'insalata o qualche fetta di pane.

ITALIA

DIFFICOLTÀ

1 ora 20 min.

DA PROVARE ANCHE CON
tutti i tipi di pesce bianco da filetto adatti alla cottura in forno

FILETTO DI LECCIA AL FORNO

INGREDIENTI PER 4 PERSONE

• 1 kg di leccia stellata (1 pesce) • 5-6 pomodorini • pinoli • olive denocciolate • 1 mazzetto di basilico • olio extravergine • sale
Per la crema di patate: • 2 patate grosse • timo • 1 scalogno • brodo vegetale • olio extravergine

1. Sfiletto la leccia. Squamo, eviscero, sfiletto e spino il pesce.

2. Inforno i pomodorini. In una pirofila metto i pomodorini tagliati a metà, una manciata di pinoli e condisco con un filo d'olio extravergine e un pizzico di sale. Quindi metto a cuocere in forno preriscaldato a 160 °C per 30 minuti circa. Nel frattempo, trito le olive e le condisco con olio extravergine.

3. Preparo la crema di patate. In una casseruola soffriggo in un filo d'olio extravergine lo scalogno a rondelle e un pizzico di timo. Poi metto a rosolare le patate a spicchi. Quindi allungo con il brodo e porto a cottura. Dopodiché con il frullatore a immersione riduco in crema e ne regolo la consistenza con un filo d'olio extravergine.

4. Preparo il pesto. Nel bicchiere del mixer metto le foglie di basilico spezzettate, aggiungo un pizzico di sale e allungo con olio extravergine. Quindi riduco in pesto.

5. Inforno i filetti. Sistemo i filetti di pesce su una teglia rivestita di carta da forno, spolvero di sale e metto a cuocere in forno preriscaldato a 180 °C per una ventina di minuti.

6. Impiatto. Su ogni piatto sistemo un letto di crema di patate, adagio un filetto, guarnisco con olive, pomodorini e pesto.

IL PIATTO CAMBIA ROTTA

Questo piatto è tanto strepitoso quanti sono gli elementi che lo compongono. Di certo è la pietanza giusta per le occasioni speciali, ma se stai preparando un secondo per tutti i giorni associa il pesce cotto al forno alla sola crema di patate o a pomodorini e olive. Sarà comunque un successo!

ACCIUGHE AL FORNO CON VERDURE

ITALIA

DIFFICOLTÀ

30 min.

DA PROVARE ANCHE CON
sarde

INGREDIENTI PER 4 PERSONE

• 550 g di acciughe fresche (1 cinquantina di pesci) • 12 pomodorini • 2 grosse patate • 1 cucchiaino di capperi dissalati • 1 manciata di olive taggiasche denocciolate • origano • basilico • vino bianco • olio extravergine • sale

1. Inforno le patate. Sbuccio le patate e, con la mandolina, le riduco a fettine sottilissime. Quindi le sistemo in una teglia bassa, le spolvero di sale, aggiungo un filo d'olio extravergine e le metto a cuocere in forno preriscaldato a 220 °C per 5 minuti.

2. Dilisco le acciughe. Eviscero, lavo e dilisco le acciughe, lasciandole intere. Quando le patate sono ben dorate, le sforno e le lascio raffreddare.

3. Inforno acciughe e verdure. Nella stessa teglia delle patate raffreddate, aggiungo le acciughe pulite, i pomodorini interi, i capperi dissalati, le olive, un pizzico di sale e uno di origano. Completo con un filo d'olio extravergine e un goccio di vino bianco, quindi metto di nuovo a cuocere in forno preriscaldato a 220 °C per una decina di minuti. Sforno, decoro con qualche foglia di basilico, impiatto e servo.

CHE PESCI PIGLIARE

Questo semplice e delizioso secondo esalta al meglio il sapore dell'acciuga, pesciolino dei nostri mari che vive in profondità e si avvicina alle coste spostandosi in branchi spesso numerosissimi. Il periodo migliore per gustarla nel nostro Paese va da aprile a novembre. Come molti pesci azzurri, anche le acciughe fresche vanno cucinate o preparate per la conservazione il più presto possibile, altrimenti, pur restando commestibili, perdono proprietà e sapore.

BURIDDA DI SEPPIE E CARCIOFI

ITALIA

DIFFICOLTÀ ✶✶

1 ora

DA PROVARE ANCHE CON
calamari
totani
sarde sotto sale

INGREDIENTI PER 4 PERSONE

• 1 kg di seppie (10 molluschi medi) • 2 filetti di acciuga sotto sale • 10 carciofi • prezzemolo • peperoncino • 1 litro di brodo vegetale • mezzo bicchiere di vino bianco • olio extravergine • sale

1. Sciolgo le acciughe. Per prima cosa, eviscero le seppie e con un coltello le riduco a striscioline sottili. Quindi trito un ciuffo di prezzemolo e un peperoncino. Dopodiché mondo i carciofi, privandoli di gambo, spine, parti più dure e barbetta e li riduco a fettine sottili. A questo punto, in una padella verso abbondante olio extravergine e metto a sciogliere 2 acciughe salate e private delle lische con il trito di peperoncino e prezzemolo.

2. Aggiungo la seppia. Sciolti i filetti d'acciuga, nella stessa padella metto a rosolare le striscioline di seppia e, continuando la cottura a fiamma alta, sfumo con mezzo bicchiere di vino bianco.

3. Aggiungo i carciofi e concludo. Quando il vino è evaporato, aggiungo le fettine di carciofo e allungo con 2 mestoli di brodo vegetale caldo (o acqua calda), metto il coperchio e continuo la cottura per circa 45 minuti, allungando con altro brodo se necessario. Quando le seppie sono morbide, regolo di sale e spengo la fiamma. Quindi impiatto e porto in tavola.

NOTE DI SAPORE

Come hai potuto constatare, la *buridda* non è una zuppa come la quasi omonima *burrida*, spesso preparata con grongo, murena, rana pescatrice, polpo e seppia tagliati a tocchetti. Si tratta invece di un piatto in umido di diversa interpretazione stagionale e locale in cui il sapore dei molluschi cefalopodi si unisce a quello delle verdure (carciofi nella versione più tipica e invernale, ma anche cavolo nero, erbette, coste e cardi). Qui te ne presento una variante ligure con le immancabili acciughe.

ITALIA

DIFFICOLTÀ

35 min.

DA PROVARE ANCHE CON
calamari
seppie
vongole

TOTANI ALLE COZZE

INGREDIENTI PER 4 PERSONE

• 800 g di totani (2 molluschi grossi) • 3-4 pomodorini • prezzemolo tritato • 1 bicchiere di vino bianco • aglio • olio extravergine
Per il ripieno: • 50 g di cozze sgusciate (1 decina di molluschi) • 5 cucchiai di formaggio • 5 cucchiai di parmigiano • 1 uovo • 30 g di uvetta sultanina • 3 cucchiai di pinoli • 1 decina di olive nere denocciolate e tagliuzzate • prezzemolo tritato • aglio • olio extravergine • sale

1. Pulisco i totani. Eviscero i totani e li lavo sotto acqua corrente. Eventualmente ne spello le sacche, facendo attenzione a non romperle. Infine, con un coltello trito finemente tentacoli e teste per poi metterli nel ripieno.

2. Preparo il ripieno. In un pentolino verso un filo d'olio extravergine e aggiungo tutti gli altri ingredienti. Quindi trasferisco sui fornelli e, a fuoco dolce, amalgamo con qualche giro di mestolo per ottenere un composto morbido e omogeneo.

3. Farcisco. Lontano dai fuochi, con il ripieno riempio le sacche dei totani per 2 terzi, quindi le richiudo fissandole con uno stecchino di legno.

4. Li cuocio in padella. In una padella verso un filo d'olio extravergine e soffriggo 2 spicchi d'aglio, quindi metto a rosolare i totani per un paio di minuti. Poi sfumo con il vino bianco e aggiungo i pomodorini interi. In ultimo, spolvero di prezzemolo tritato e continuo la cottura per 15 minuti circa. Impiatto e servo.

COSÌ FA IL CUOCO DI BORDO

Il totano, come il calamaro, può essere cucinato in tanti modi: fritto, alla griglia, in sughi leggeri o zuppe. Il suo sapore, seppur deciso, si presta infatti ad abbinamenti con verdure o altri pesci e molluschi. Alla griglia sono più adatti i totani più piccoli, mentre quelli grandi sono ideali per sughi e zuppe o a essere fritti ad anelli, da soli o in un misto appetitoso.

SCORFANO ALL'ISOLANA

ITALIA

DIFFICOLTÀ ✶✶

1 ora

DA PROVARE ANCHE CON
tutti i tipi di pesce bianco adatti alla cottura in forno

INGREDIENTI PER 4 PERSONE

• 1 kg di scorfano (1 pesce grosso) squamato ed eviscerato intero • 1 decina di pomodorini • 3 patate piccole • 1 scalogno • capperi dissalati • olive nere denocciolate • prezzemolo tritato • mezzo bicchiere di vino bianco • olio extravergine • sale

1. Sbollento le patate. Metto le patate con la buccia in una piccola pentola piena d'acqua salata e le sbollento leggermente, in modo da lasciarle un po' crude. Quindi le spello e poi le affetto.
2. Soffriggo tutte le verdure. In una padella soffriggo in un filo d'olio extravergine lo scalogno affettato a rondelle, quindi aggiungo i pomodorini tagliati a metà, le fette di patata e faccio rosolare. Dopodiché unisco una manciata di capperi dissalati e una di olive denocciolate mentre continuo a saltare terminando la cottura.
3. Inforno. In una teglia verso un filo d'olio extravergine, quindi adagio il pesce intero e le verdure appena saltate in padella. Sfumo con il vino bianco e metto a cuocere in forno preriscaldato a 180 °C per 35 minuti circa, fino a quando lo scorfano risulta tenero.
4. Impiatto. Sfiletto lo scorfano e lo sistemo su un piatto da portata con le verdure. Completo con una manciata di prezzemolo tritato, regolo di sale e servo.

CHE PESCI PIGLIARE

Nei mari italiani nuotano lo scorfano rosso, quello nero e quello bruno-rossastro di fondale. Lo scorfano rosso è il più grande ed è di eccellente qualità: se è particolarmente grosso, le sue carni sode e saporite sono adatte anche a essere lessate (e servite con maionese) o cotte in umido col pomodoro. La destinazione ideale dello scorfano nero sono invece le zuppe, dove spesso viene cotto nel sugo come pesce da sapore, poi tolto e spolpato. Lo scorfano di fondale è un buon sostituto di quello nero, ma le sue carni sono meno prelibate.

ITALIA

DIFFICOLTÀ

55 min.

DA PROVARE ANCHE CON

tutti i tipi di pesce bianco da filetto adatti alla cottura in forno

PAGELLO AL PESTO IN ROSSO

INGREDIENTI PER 2 PERSONE

• 300 g di pagello (1 pesce) • 100 g di pomodori pelati • olio extravergine • sale

Per il pesto: • 30 g di basilico fresco • 1 cucchiaio di pinoli • 1 quarto di spicchio d'aglio • 50 ml di olio extravergine • sale

1. Sfiletto il pagello e lo inforno. Eviscero il pagello, lo lavo, lo squamo, lo sfiletto, lo spello e con un'apposita pinzetta lo privo delle spine. Dopodiché sistemo i filetti uno accanto all'altro su una teglia rivestita di carta da forno, li irroro con un filo d'olio, regolo di sale e metto a cuocere in forno preriscaldato a 180 °C per 30 minuti.

2. Preparo il pesto. Lavo il basilico, lo tampono con un canovaccio e lo trasferisco nel bicchiere del mixer. Aggiungo i pinoli, l'aglio privato dell'anima, una presa di sale e l'olio extravergine. Quindi aziono e riduco in pesto.

3. Cuocio il sugo. In una padella verso un filo d'olio extravergine e aggiungo i pomodori pelati. Lascio cuocere per 10 minuti, disfando i pomodori con un mestolo di legno.

4. Aggiungo il pesto. Cotti i pomodori, aggiungo in padella anche il pesto e amalgamo con il mestolo di legno. Infine, regolo di sale.

5. Ripasso in forno e impiatto. Sfornati i filetti, li spalmo con il sugo al pesto e li rimetto in forno per un'altra decina di minuti. Sforno, impiatto e servo.

COSÌ FA IL CUOCO DI BORDO

Gli esemplari di pagello sono principalmente di 3 tipi: il fragolino, il bastardo e l'occhialone. Dal punto di vista gastronomico, sono molto simili tra loro. Sono tutti pesci bianchi di buona qualità, sia per compattezza delle carni sia per sapore. Potendo scegliere, sono però preferibili il pagello fragolino e l'occhialone, che hanno carni un po' più fini. Oltre a cucinarli in umido con il pomodoro e il pesto, puoi anche cuocerli alla griglia, al forno, alla marinara in bianco e in zuppe di pesce.

CIAMBOTTO ALLA MOLFETTESE

ITALIA

DIFFICOLTÀ

35 min.

DA PROVARE ANCHE CON
tutti i tipi di pesce bianco, gamberi, scampi

INGREDIENTI PER 4 PERSONE

• 1,6 kg di nasello (2 pesci) • 1 grosso ceppo di puntarelle • 1 quarto di finocchio • 1 carota • pomodorini • 1 gambo di sedano • mezza cipolla • peperoncino • alloro • 3 ciuffi di prezzemolo • aglio • 1 bicchiere di vino bianco • olio extravergine • sale e pepe

1. Preparo il fumetto. Prima sfiletto i naselli e poi preparo il fumetto mettendo in una capiente casseruola teste e lische dei pesci, una carota, un gambo di sedano, mezza cipolla tagliata a spicchi, 2 ciuffi di prezzemolo, uno spicchio d'aglio, una foglia d'alloro, il finocchio a spicchi, qualche grano di pepe e il vino bianco. Verso acqua a sufficienza da sommergerli e porto a bollore. Raggiunta l'ebollizione, continuo la cottura per 10 minuti. Nel frattempo, taglio i filetti di nasello a rettangoli.
2. Sbollento le puntarelle. In una pentola metto le puntarelle in acqua e sale. Qualche secondo dopo aver raggiunto l'ebollizione, spengo la fiamma. Quindi le scolo.
3. Soffriggo. In una capiente padella soffriggo uno spicchio d'aglio svestito e una punta di peperoncino nell'olio extravergine. Quindi metto ad appassire leggermente i pomodorini tagliati a piccoli spicchi.
4. Aggiungo fumetto e nasello. Copro i pomodorini con il fumetto, filtrandolo con un colino cinese direttamente sulla padella. Quindi regolo di sale e aggiungo le puntarelle. Dopo 2 minuti metto in pentola anche il pesce e lascio cuocere per un altro paio di minuti. Sistemo nel piatto pesce e verdure, completando con un filo d'olio extravergine e qualche foglia di prezzemolo.

NOTE DI SAPORE

Il *ciambotto* (o *ciambotta*) è piatto a base di verdure tipico della cucina meridionale. In Puglia è cucinato con il pesce o i frutti di mare, in Basilicata con le uova e in Campania con la carne di manzo bollita.

PESCE BIANCO CON SPINACI

ALBANIA

DIFFICOLTÀ ★★

40 min.

DA PROVARE ANCHE CON
tutti i tipi di pesce bianco da filetto adatti alla cottura in forno

INGREDIENTI PER 4 PERSONE

• 1 pesce bianco • 125 g di spinaci freschi • 1 quarto di cipolla • farina tipo 00 • paprica • 50 ml di brodo vegetale • il succo di mezzo limone • olio extravergine • sale e pepe

1. Soffriggo la cipolla. Trito grossolanamente la cipolla e la metto a soffriggere in una padella con un filo d'olio extravergine.

2. Aggiungo gli spinaci. Nella stessa padella metto a cuocere anche gli spinaci, mescolo con un mestolo di legno, metto il coperchio e lascio rosolare per circa 5 minuti. A questo punto eviscero, sfiletto, spello e spino il pesce. Dopodiché passo i filetti nella farina.

3. Inforno. Ungo una pirofila con un filo d'olio extravergine e ne ricopro il fondo con gli spinaci. Vi adagio i filetti, sistemandoli uno accanto all'altro. Aggiungo il brodo vegetale (o acqua calda) e il succo di limone. Spolvero con un pizzico di paprica, regolo di sale e pepe e metto a cuocere in forno preriscaldato a 180 °C.

CHE PESCI PIGLIARE

Non credere che i pesci bianchi siano solo dentice, nasello, orata e branzino! In realtà, rientrano in questa definizione molte specie dalle carni bianche meno note ma altrettanto gustose, come corvina, pagello, ombrina, boga, lampuga, mormora, occhiata, pagro e tante altre! Sono tutti pesci poco grassi, piuttosto proteici e facilmente digeribili.

ITALIA

DIFFICOLTÀ

50 min.

DA PROVARE ANCHE CON

cernia
pesce serra
pezzogna
razza
ricciola

RANA PESCATRICE IN AGRODOLCE

INGREDIENTI PER 4 PERSONE

• 500 g di polpa di rana pescatrice • 4 cipolle rosse di Tropea medie • 2 cucchiai e mezzo di zucchero • farina tipo 00 • aglio • 5 cucchiai di aceto balsamico (o di vino bianco) • vino bianco • olio extravergine • sale

1. Infarino la polpa del pesce. Taglio la polpa della rana pescatrice a bocconcini e la infarino. Dopodiché spello le cipolle e le affetto a rondelle.

2. La rosolo. In una padella soffriggo uno spicchio d'aglio svestito in un filo d'olio extravergine, quindi aggiungo i bocconcini di rana infarinati e sfumo con abbondante vino bianco. Lascio evaporare, elimino lo spicchio d'aglio, regolo di sale e lascio cuocere a fuoco medio-basso per una decina di minuti.

3. Caramello le cipolle. In un'altra padella verso un filo d'olio extravergine, aggiungo lo zucchero e le cipolle e lascio rosolare per 5 minuti. Quindi aggiungo l'aceto balsamico (o di vino bianco), metto il coperchio e continuo la cottura a fuoco medio-basso per 25 minuti.

4. Impiatto e servo. Su ciascun piatto creo un letto con i bocconcini di rana pescatrice e poi completo sistemandovi sopra cucchiaiate di cipolle caramellate. Servo ben caldo.

NOTE DI SAPORE

Sai perché la rana pescatrice si chiama così? Il suo nome nasce da 2 caratteristiche ben precise: ha muso e bocca molto simili a quelli di una rana e poi cattura le sue prede "pescando". Sul muso ha infatti una sorta di bastoncino con un pennacchio che agita proprio come una canna da pesca con l'esca. Quando le vittime vengono attirate da questa "esca", ecco che la rana pescatrice scatta veloce e fulminea serrando le mascelle.

ITALIA

DIFFICOLTÀ

30 min.

DA PROVARE ANCHE CON
branzino
cefalo
orata
sarago
sarda

TRIGLIE ARROSTO SU ALLORO

INGREDIENTI PER 4 PERSONE

• 1,2 kg di triglia (12 pesci) • 24 foglie d'alloro • 3 peperoni rossi • prezzemolo • aglio • olio extravergine • sale

1. Condisco le triglie. Eviscero le triglie dal ventre lasciandole intere, le lavo sotto acqua corrente e le sistemo in un piatto. Quindi le condisco con un filo d'olio extravergine e una presa di sale.
2. Le metto tra 2 foglie d'alloro. Appongo una foglia d'alloro sotto e una sopra ogni triglia a mo' di sandwich, quindi premo con le mani per far aderire bene.
3. Le griglio. Inserisco le triglie in una doppia griglia apribile e le metto a cuocere sulla piastra calda per 7 minuti circa, rigirando all'occorrenza. A mano a mano che sono pronte, le trasferisco su un piatto. Nel frattempo, trito uno spicchio d'aglio e un ciuffo di prezzemolo.
4. Arrostisco i peperoni. Metto i peperoni ad arrostire sulla piastra calda per circa 10 minuti, quindi li spello e li riduco a listarelle. Infine, li condisco con un filo d'olio extravergine e un pizzico di sale.
5. Impiatto. Su ogni piatto sistemo 3 triglie con l'alloro, completo con le listarelle di peperone e servo.

CHE PESCI PIGLIARE

Le triglie dei nostri mari si distinguono essenzialmente in quella di fango, che ama stare al largo, e in quella di scoglio, che nuota vicino alle rocce sotto costa. Benché si dica che quest'ultima sia più saporita, per me non c'è grande differenza tra le 2. Diverso è, invece, il loro aspetto: generalmente la triglia di fango è rossastra; quella di scoglio è di un bel giallo-dorato. Se il colore può ingannare, non può farlo il profilo: il musino della triglia di fango è tondeggiante, mentre quello della triglia di scoglio appuntito.

GHIOTTA DI POLPO

ITALIA

DIFFICOLTÀ

1 ora 10 min.

DA PROVARE ANCHE CON
moscardino
polpessa

INGREDIENTI PER 4 PERSONE

• 1 kg di polpo eviscerato • 4-5 di pomodorini • 2 patate • 1 peperone • concentrato di pomodoro • 2 cipolle • 20 g di capperi sotto sale • 1 peperoncino • prezzemolo tritato • basilico • aglio • 1 bicchiere di vino bianco • olio extravergine

Per la presentazione: • scorza di limone biologico • dadini di zucca caramellata

1. Rosolo il polpo. In una padella dai bordi alti soffriggo nell'olio extravergine le cipolle affettate grossolanamente e 2 spicchi d'aglio a lamelle, quindi aggiungo i capperi. Poi rosolo nella stessa padella il polpo tagliato a tocchetti e spolvero con una manciata di prezzemolo tritato. Aggiungo anche il peperoncino tagliato a rondelle. Sfumo con il vino bianco e lascio evaporare.

2. Aggiungo le verdure. Unisco il peperone affettato grossolanamente, con tutti i semi e i filamenti, e le patate a spicchi. In ultimo, aggiungo i pomodorini tagliati a metà, concentrato di pomodoro quanto basta e le foglie di basilico spezzettate.

3. Completo la cottura. Copro con acqua calda e lascio cuocere finché il polpo risulta ben cotto, continuando ad allungare al bisogno. Sistemo la ghiotta nei piatti, aggiungendo qualche dadino di zucca caramellata e un po' di scorza di limone grattugiata.

COSÌ FA IL CUOCO DI BORDO

Questa è una particolarissima versione della *ghiotta* (o *agghiotta*) di polpo, piatto siciliano preparato con diversi tipi di pesce e anche solo con cipolla, pomodoro, olive, sedano e capperi. Qui il tocco in più è dato dai dadini di zucca caramellata, che puoi preparare salandoli e facendoli appassire con un filo d'olio in una padella, a fuoco basso e coperti. Dopo 30 minuti, alzi la fiamma al massimo e scuoti finché una crosticina dorata li ricopre.

SGOMBRO ALLA NIZZARDA

FRANCIA

DIFFICOLTÀ

35 min.

DA PROVARE ANCHE CON
tutti i tipi di pesce bianco da filetto adatti alla cottura in forno, cavalla, pesce serra, tombarello, tonnetto

INGREDIENTI PER 4 PERSONE

• 400 g di sgombro eviscerato (4 filetti) • 1 peperone rosso • 2 pomodori maturi • 1 cipolla bianca piccola • 65 g di olive nere denocciolate • timo • aglio • 1 bicchiere e mezzo di vino bianco • dragoncello • olio extravergine • sale

1. Appassisco i pomodori. In una padella verso un filo d'olio extravergine e poi soffriggo uno spicchio d'aglio in camicia schiacciato. Quindi metto ad appassire la cipolla, che ho spellato e tagliato a rondelle. Dopodiché aggiungo i pomodori, ridotti a dadini, e li lascio appassire.

2. Aggiungo peperone e olive. Dopo qualche minuto aggiungo il peperone, che ho privato dei semi e tagliato a listarelle, le olive denocciolate che ho tagliuzzato, qualche fogliolina di timo e mezzo cucchiaino di dragoncello. Quindi sfumo con il bicchiere e mezzo di vino bianco e continuo la cottura senza coperchio per circa 5 minuti a fiamma medio-alta.

3. Inforno i filetti. Controllo che i filetti siano privi di spine e, nel caso occorra, li ripulisco per bene con una pinzetta. Quindi li sistemo in una pirofila dai bordi bassi con un filo d'olio extravergine, li regolo di sale e li ricopro con la salsa alle verdure appena cotta. Dopodiché li metto a cuocere in forno preriscaldato a 180 °C per 20 minuti. Sforno, impiatto e servo.

CHE PESCI PIGLIARE

Nel corso dei secoli, i grandi quantitativi di pesce azzurro – e dunque anche di sgombro – che arrivavano sul mercato hanno spinto l'uomo a adottare opportuni metodi di conservazione: acciughe a filetti arrotolate sott'olio o messe intere sotto sale, pasta d'acciuga in tubetti, sgombro e sarde in scatola. Tuttavia, è un grande errore non consumare sgombro e altri pesci azzurri freschi perché sono decisamente più digeribili e anche più economici. Il periodo migliore per assaporare lo sgombro fresco va da dicembre a marzo.

ITALIA

DIFFICOLTÀ
★★

40 min.

DA PROVARE ANCHE CON
calamari
seppie

TOTANI RIPIENI IN ROSSO

INGREDIENTI PER 4 PERSONE

• 400 g di totani (4 molluschi medi) • 200 g di passata di pomodoro • 1 decina di pomodorini • olio extravergine
Per il ripieno: • 20 cucchiai di pecorino grattugiato • 100 g di pane raffermo tritato • 50 g di uvetta sultanina ammollata • prezzemolo tritato • aglio • 2 tuorli • sale

1. Rosolo i totani. Eviscero i totani e con un coltello ne trito i tentacoli. Poi metto a rosolare tentacoli tritati e sacche perfettamente intere in un'ampia padella con un filo d'olio extravergine. Quindi li tengo da parte.

2. Preparo il ripieno. In una ciotola metto uno spicchio d'aglio tritato, il pane raffermo, il formaggio, una manciata di prezzemolo tritato, l'uvetta ammollata e strizzata, una presa di sale e i tuorli. Quindi amalgamo per ottenere un composto omogeneo.

3. Farcisco i totani. Riempio le sacche dei totani con il ripieno e poi le chiudo, fissandole con uno stecchino di legno.

4. Li cuocio. In una padella verso un filo d'olio extravergine, adagio i totani e ricopro con la passata di pomodoro, quindi cuocio per una decina di minuti controllando la cottura. Impiatto, completando con i pomodorini tagliati a metà e servo.

COSÌ FA IL CUOCO DI BORDO

Quando prepari i totani ripieni ricorda di non farcirne eccessivamente le sacche. Questi molluschi cefalopodi, come pure i calamari e le seppie, sono ricchi di acqua e durante la cottura tendono a restringersi molto, rischiando di far fuoriuscire il ripieno. La soluzione è non riempirli mai oltre i 2 terzi.

SCORFANO E COZZE SU CREMA DI PATATE

ITALIA

DIFFICOLTÀ

40 min.

DA PROVARE ANCHE CON
tutti i tipi di pesce bianco da filetto

INGREDIENTI PER 4 PERSONE

• 1 kg di scorfano rosso (1 pesce) • 500 g di cozze aperte e sgusciate (1 trentina di molluschi) • 16 ostriche sgusciate (facoltative) • 20 g di caviale bianco di storione (facoltativo) • pane carasau (facoltativo) • aglio • olio extravergine • sale e pepe
Per la crema di patate: • 8 patate • 1 cipolla bianca • 2 cucchiai d'olio extravergine • 1 ciuffo di menta • sale e pepe

1. Sfiletto lo scorfano. Squamo il pesce, lo eviscero, lo sfiletto e lo spino. Quindi taglio in 2 i filetti grandi.

2. Preparo la crema di patate. In una padella verso l'olio extravergine e metto a rosolare la cipolla tritata finemente e le patate tagliate a spicchi, insaporendo con qualche foglia di menta spezzettata e un pizzico di pepe. Regolo di sale e continuo la cottura per circa 1 minuto, quindi irroro con acqua calda e lascio cuocere a fuoco dolce per 15 minuti. Dopodiché riduco con il mixer a immersione per ottenere una crema piuttosto liquida.

3. Rosolo il pesce. In un'ampia padella metto a soffriggere 2 spicchi d'aglio in un cucchiaio d'olio extravergine, adagio i filetti di scorfano con la pelle rivolta verso il fondo, tolgo l'aglio e lascio cuocere 2 minuti per lato. Poi regolo di sale e pepe.

4. Impiatto. Sul piatto da portata stendo un letto di crema di patate, metto al centro i filetti di scorfano, guarnisco con le cozze ed eventualmente anche con ostriche e caviale. Se gradisco, servo con sfoglie di pane carasau.

IL PIATTO CAMBIA ROTTA

Se è vero che ostriche e caviale rendono esclusivo questo secondo, è altrettanto vero che non è che possiamo permetterceli tutti i giorni. Quindi, se l'occasione non è proprio speciale, non temere di presentare solo scorfano e cozze sulla crema di patate perché il connubio è ugualmente gustoso! Ti dirò, io qualche volta le ostriche le sostituisco con le vongole...

DENTICE CON PURÈ DI TOPINAMBUR

ITALIA

DIFFICOLTÀ

30 min.

DA PROVARE ANCHE CON tutti i tipi di pesce bianco da filetto

INGREDIENTI PER 4 PERSONE

• 600-800 g di dentice (4 filetti) • farina di mais • olio extravergine • sale e pepe

Per il purè di topinambur: • 400 g di topinambur • 2 bicchieri di latte • 300 g di panna • aglio • sale e pepe

1. Preparo il purè. Pelo i topinambur e li taglio a fette piuttosto sottili. Quindi li metto a cuocere a fuoco molto dolce in una casseruola con il latte, la panna, uno spicchio d'aglio, un pizzico di sale e una macinata di pepe per 20 minuti circa. Dopodiché spengo la fiamma e riduco in purè utilizzando il mixer a immersione.

2. Cuocio i filetti. Dopo aver verificato che nella polpa dei filetti non ci siano più spine ed averle eventualmente tolte con una pinzetta, li impano con la farina di mais. Dopodiché li metto a dorare in padella con un filo d'olio extravergine, iniziando a farli cuocere dalla parte della pelle. Rivolto e completo la cottura.

3. Impiatto. Metto i filetti su un piatto piano rivestito di carta da cucina per far assorbire l'olio in eccesso. Quindi regolo di sale e pepe e preparo le porzioni, stendendo un letto di purè e sistemando al centro un filetto impanato.

NOTE DI SAPORE

A guardare il topinambur verrebbe da dire che l'abito non fa proprio il monaco! Infatti, nonostante l'aspetto bitorzoluto, è un tubero molto saporito. Chiamato anche *patata selvatica, patata americana, tartufo di canna*, appartiene alla famiglia dei girasoli e ha una polpa soda bianco-avorio. In questo piatto dà veramente il massimo, ma è buonissimo anche crudo: hai mai provato a tagliarlo a fettine sottili e a spalmarlo con la pasta di acciughe? La sua croccantezza, simile a quella del ravanello, associata alla cremosità della pasta di acciughe, è davvero il top.

SPIGOLA ALL'ACQUA PAZZA

ITALIA

DIFFICOLTÀ

1 ora

DA PROVARE ANCHE CON
tutti i tipi di pesce bianco

INGREDIENTI PER 4 PERSONE

• 1,2-1,4 kg di spigola (4 pesci medi) • 2 carote • 10 pomodorini • 1 cipolla • 1 porro • prezzemolo tritato • 1 gambo di sedano • 1 cucchiaio di capperi dissalati • 1 bicchiere di vino bianco • aglio • olio extravergine • sale
Per il brodo: • 1 cipolla • 1 carota • 1 gambo di sedano • sale

1. Eviscero le spigole. Eviscero le spigole dal ventre e le privo della lisca centrale, quindi le sciacquo. Poi metto nelle pance una presa di sale e una manciata di prezzemolo tritato.
2. Preparo il brodo. In una pentola metto le lische delle spigole, le verdure a pezzettoni e una presa di sale. Unisco un litro d'acqua e porto a bollore a fuoco moderato, lasciando cuocere per circa 40 minuti.
3. Soffriggo le verdure. In una padella soffriggo l'aglio nell'olio con i capperi, la cipolla e il sedano tagliati a rondelle. Quando l'aglio è imbiondito, aggiungo le carote a julienne, quindi sistemo sul letto di verdure le spigole. Poi unisco il porro a rondelle e i pomodorini a metà.
4. Cuocio la spigola. Sfumo con il vino e lascio evaporare a pentola chiusa per ottenere una salsina. Allungo con un paio di mestoli di brodo e lascio cuocere per 25-30 minuti. Spengo la fiamma, impiatto e servo.

CHE PESCI PIGLIARE

Vuoi cucinare un pesce con lische grosse a sufficienza da non farti impazzire nelle fasi di pulitura? Beh, allora la spigola fa al caso tuo! La sua praticità è proprio una delle caratteristiche che la fanno apprezzare in cucina. Le altre sono la qualità delle carni (sode, saporite ma anche delicate) e l'adattabilità a tutte le preparazioni. *Branzino, ragno, pesce lupo o spigola* che dir si voglia, quando il sapore delle sue carni è esaltato dalle verdure questo pesce dà il massimo.

TRIGLIE ALLA LIGURE

INGREDIENTI PER 4 PERSONE

• 800 g di triglia (4 pesci grossi) • 2 acciughe sotto sale • 1 cucchiaio di capperi • 1 cucchiaio di pinoli • prezzemolo • aglio • mezzo bicchiere di vino bianco • olio extravergine • sale e pepe

1. Sfiletto le triglie e le sistemo in una pirofila. Squamo le triglie accuratamente, facendo attenzione a non intaccarne la polpa. Quindi le eviscero, le lavo sotto acqua corrente e le sfiletto. Con un'apposita pinzetta privo i filetti di tutte le lische e poi li sistemo in una pirofila.

2. Trito gli aromi e diluisco. Trito uno spicchio d'aglio, un ciuffo di prezzemolo, 2 acciughe sotto sale lavate e diliscate, un cucchiaio di capperi e uno di pinoli, quindi trasferisco in una zuppiera e diluisco con 10 cucchiai di olio extravergine e mezzo bicchiere di vino bianco. Poi aggiungo un pizzico di sale, una macinata di pepe e mescolo.

3. Inforno. Cospargo i filetti con il condimento di aromi e metto a cuocere in forno preriscaldato a 180 °C per 20 minuti. Sforno, impiatto e servo.

COSÌ FA IL CUOCO DI BORDO

Ricorda di squamare la triglia con estrema attenzione e di gestirla con molta cautela quando la cuoci perché le sue carni sono delicatissime. Pensa che gli estimatori neppure eviscerano la triglia di scoglio che, per questo motivo, è soprannominata *beccaccia del mare*. È un pesce molto versatile e, tranne che a lesso, puoi cucinarla in qualsiasi modo.

ITALIA

DIFFICOLTÀ ✶✶

35 min.

DA PROVARE ANCHE CON

tutti i tipi di pesce bianco da filetto adatti alla cottura in forno

SECONDI PIATTI

TUNISIA

DIFFICOLTÀ ★★

1 ora

DA PROVARE ANCHE CON
moscardino
polpessa

POLPO ALLO ZAFFERANO

INGREDIENTI PER 4 PERSONE

• 1 kg di polpo • 500 g di pomodori (2 grossi) o pomodori pelati • 1 cipolla • 1 gambo di sedano • 1 bustina di zafferano • basilico • peperoncino • brodo vegetale • olio extravergine • sale

1. Immergo il polpo in acqua bollente. Eviscero il polpo, lo lavo sotto acqua corrente e poi lo immergo, cappuccio compreso, per qualche minuto in una pentola piena d'acqua bollente.

2. Lo tagliuzzo a tocchetti. Dopo aver scolato il polpo, lo tampono con carta da cucina e lo tagliuzzo a tocchetti non troppo piccoli. Quindi lo metto da parte.

3. Soffriggo cipolla e sedano. Spello la cipolla e la trito finemente. Mondo il sedano privandolo delle foglie e delle parti più dure e lo trito grossolanamente. Quindi li metto a soffriggere con olio extravergine in un tegame possibilmente di coccio.

4. Aggiungo i pomodori. Dopo che cipolla e sedano sono soffritti, aggiungo i pomodori privati dei semi e tritati (o i pomodori pelati). Nel frattempo, stempero lo zafferano in un mestolo di brodo caldo (o acqua calda) e, quando il sugo si è un po' ristretto, verso nel tegame. Aggiungo anche una punta di peperoncino e regolo di sale.

5. Metto a cuocere il polpo. A questo punto unisco i tocchetti di polpo al sugo e continuo la cottura per 40 minuti, allungando con brodo caldo (o acqua calda) se necessario. Appena prima di spegnere la fiamma, insaporisco con qualche foglia di basilico spezzettata. Quindi impiatto e servo.

IL PIATTO CAMBIA ROTTA

Se vuoi risolvere il pranzo o la cena in poche mosse, abbina questo gustosissimo secondo a riso basmati bollito o a couscous. Su un piatto da portata, stendi un letto di riso o di couscous e poi completa con il polpo allo zafferano. Se rispetti alla lettera i tempi cottura del polpo non potrà che essere un successo! Già, perché se passi il punto di cottura, la carne diventa progressivamente insipida e rischi anche il distacco di pelle e ventose, cosa che renderebbe il tuo piatto meno bello.

ITALIA

DIFFICOLTÀ

40 min.

DA PROVARE ANCHE CON
seppie
totani

CALAMARI RIPIENI AL SALAME

INGREDIENTI PER 4 PERSONE

• 800 g di calamari (4 molluschi grossi) • 100 g di passata di pomodoro • aglio • olio extravergine
Per il ripieno: • 50 g di salame • 1 uovo • 5 cucchiai di pecorino • 5 cucchiai di pangrattato • prezzemolo tritato • aglio • olio extravergine • sale e pepe

1. Pulisco i calamari. Eviscero i calamari, li lavo sotto acqua corrente. Eventualmente ne spello le sacche, facendo attenzione a non romperle. Infine, con un coltello trito finemente tentacoli e teste per poi metterli nel ripieno.
2. Preparo il ripieno. In un pentolino verso un filo d'olio extravergine e aggiungo teste e tentacoli tritati, uno spicchio d'aglio, una manciata di prezzemolo, il salame a tocchetti, il formaggio, il pangrattato, un pizzico di sale e uno di pepe e un uovo per legare. Quindi trasferisco sui fornelli e, a fuoco dolce, amalgamo per qualche minuto con un mestolo per ottenere un composto morbido.
3. Farcisco. Lontano dai fuochi, con il ripieno riempio le sacche dei calamari per 2 terzi, quindi le richiudo fissandole con uno stecchino di legno.
4. Li cuocio nel sugo. In una padella verso un filo d'olio extravergine e soffriggo 2 spicchi d'aglio, quindi metto a rosolare i calamari per un paio di minuti. Infine, aggiungo la passata di pomodoro e continuo la cottura per una ventina di minuti. Dopodiché impiatto e servo.

COSÌ FA IL CUOCO DI BORDO

Il calamaro può essere cucinato in così tanti modi che spesso capita di ritrovarsi nell'imbarazzo della scelta. Le sue dimensioni, però, sono un valido aiuto per decidere. Se è un calamaretto, ti consiglio di friggerlo, lessarlo o prepararlo intero in insalata; se è più grande non può che aspettarlo un gustoso ripieno; se è ancora più grosso ti conviene tagliarlo a pezzi e friggerlo o cuocerlo in umido.

NASELLO IN CROSTA

INGREDIENTI PER 4 PERSONE

• 1 kg di nasello (4 filetti grandi) • 2 cipollotti • 1 cucchiaio di capperi sotto sale • 2 cucchiai di pangrattato • 4 ciuffi di basilico • 2 cucchiai di prezzemolo tritato • olio extravergine • sale
Per la salsa: • 1 pomodoro maturo • 1 cucchiaio di pinoli • 2 pizzichi di cipolla bianca tritata • olio extravergine • sale

1. Impano i filetti. In una ciotola mescolo il pangrattato, il prezzemolo tritato, i capperi sotto sale, i cipollotti tagliati a rondelle per ottenere una panatura uniforme. Su un piatto verso un filo d'olio extravergine e su un altro la panatura, quindi passo i filetti prima nell'olio e poi nella panatura.
2. Li rosolo. In una padella verso un filo d'olio extravergine e lo distribuisco su tutto il fondo. Cospargo con un pizzico di sale, quindi adagio i filetti e li rosolo 2 minuti circa per lato.
3. Preparo la salsa. Nel bicchiere del mixer a immersione metto il pomodoro spellato, privato dei semi e tritato; i pinoli tostati in padella senza condimento, 2 pizzichi di cipolla bianca tritata e una presa di sale, poi aggiungo olio extravergine a sufficienza per ridurre in un composto omogeneo.
4. Impiatto. Su ogni piatto stendo una striscia di salsa e all'estremità più larga sistemo un ciuffo di basilico simulando una carota. Quindi vi sovrappongo il filetto a mo' di croce.

ITALIA

DIFFICOLTÀ

20 min.

DA PROVARE ANCHE CON
tutti i tipi di pesce bianco da filetto

NOTE DI SAPORE

Questo gustoso piatto è una creazione di Davide Petrini che, oltre a essere lo chef del Pesce pazzo di Varazze, è uno dei migliori pescatori professionisti che io abbia mai incontrato. Dopo aver calato le reti, addirittura va in apnea a prendere i pesci con le mani... una cosa unica!!! Poi li trasforma in deliziosi manicaretti per il suo ristorante, dove il menu viene sempre deciso dal mare.

SECONDI PIATTI

INVOLTINI LATTUGA E TROTA

ITALIA

DIFFICOLTÀ ★★

20 min.

DA PROVARE ANCHE CON tutti i tipi di pesce bianco

INGREDIENTI PER 4 PERSONE

• 300 g di trota salmonata (1 pesce) • 12 foglie di lattuga • mezzo bicchiere di vino bianco • olio extravergine • sale

Per la salsa bianca: • 50 g di burro (2 cucchiai abbondanti) • 3 cucchiai di panna liquida fresca • il succo di 1 limone • olio extravergine • pepe

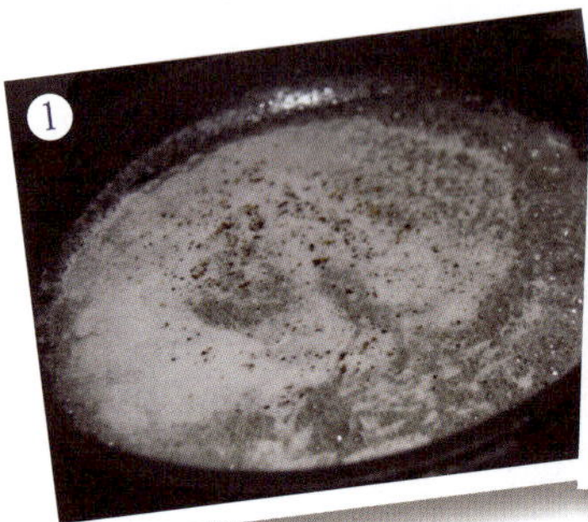

1. Preparo la salsa bianca. In una padella sciolgo il burro con una macinata di pepe. Quindi aggiungo il succo del limone e con un mestolo di legno amalgamo per non più di un paio di minuti. Spengo la fiamma e trasferisco il liquido nel bicchiere del mixer a immersione. Aggiungo la panna liquida appena tolta dal frigo e un goccio d'olio, quindi aziono e riduco in salsa.

2. Taglio la trota. Eviscero, sfiletto, spino e spello la trota salmonata. Quindi riduco i filetti grandi in piccoli rettangoli. Dopodiché privo le foglie di lattuga della parte centrale più dura, le bagno e le metto a cuocere nel microonde per 30 secondi. In alternativa, le scotto in acqua bollente per un minuto al massimo. Quindi le faccio asciugare.

3. Cuocio gli involtini. Con le foglie di lattuga asciugate avvolgo i rettangoli di trota salmonata, fermando la verdura con uno stecchino di legno. Quindi trasferisco gli involtini in padella e li lascio rosolare in un filo d'olio. Dopodiché sfumo con il vino bianco, regolo di sale e continuo la cottura per altri 6-7 minuti. Infine impiatto, versando la salsa bianca sugli involtini.

CHE PESCI PIGLIARE

La trota (anche salmonata) è la decana dell'acquacoltura italiana. Unico pesce d'acqua dolce che possa vantare un mercato consolidato in Italia, in alcune regioni è anche il prodotto ittico più consumato. In cucina è molto versatile: è ottima cotta alla griglia, in forno, in padella, sfilettata o intera; le trotelle sono deliziose fritte. È eccellente con il burro, ma non ha molte affinità col pomodoro, infatti i piatti in umido non rientrano nel suo quadro gastronomico classico.

ITALIA

DIFFICOLTÀ

25 min.

DA PROVARE ANCHE CON
tutti i tipi di pesce bianco

NASELLO AL BURRO

INGREDIENTI PER 4 PERSONE

• 2 kg di nasello (4 pesci) • 100 g di burro (5 cucchiai colmi) • timo • aglio • 1 bicchiere di vino bianco • sale

1. Eviscero i naselli. Eviscero i naselli dal ventre, senza privarli della testa né della coda. Li lavo accuratamente e li tampono con carta da cucina.

2. Sciolgo il burro. In un'ampia padella dai bordi alti, sciolgo il burro con le foglioline di timo e uno spicchio d'aglio svestito.

3. Cuocio i naselli. Quando il burro spumeggia, metto a cuocere anche i naselli e li rosolo a fiamma vivace 5 minuti per lato. Quindi sfumo con il vino bianco e regolo di sale. Dopodiché continuo a cuocere per 10 minuti in modo da far restringere il fondo e ottenere una deliziosa salsina. Negli ultimi minuti di cottura, con un cucchiaio prendo un po' di salsina dal fondo della padella e la verso sui pesci per insaporire. Infine, impiatto e servo.

COSÌ FA IL CUOCO DI BORDO

Il nasello ha carni molto delicate e fragili, di sapore tenue e gradevole. Cucinato in preparazioni come questa, che ne esaltano il sapore, è decisamente delizioso. L'importante è prestare particolare attenzione al punto di cottura perché appena lo ha raggiunto tende a sfaldarsi. Per evitare un simile inconveniente, evita di rigirare il pesce negli ultimi minuti. Al massimo, scuoti il tegame in cui lo stai cuocendo.

CEFALO AI FUNGHI IN CARTOCCIO

SECONDI PIATTI

ITALIA

DIFFICOLTÀ

40 min.

DA PROVARE ANCHE CON
tutti i tipi di pesce bianco da filetto

INGREDIENTI PER 4 PERSONE

• 1 kg di cefalo (1 pesce grosso) • 150 g di funghi porcini • qualche pomodorino • vino bianco • timo fresco • olio extravergine • sale e pepe
Per la salsina: • 1 piccola cipolla rossa di Tropea • aglio • olio extravergine

1. Preparo la salsina. Trito cipolla e aglio spellati, li metto nel bicchiere del mixer con un filo d'olio e li riduco in una salsina cremosa. Dopodiché con un coltello raschio i funghi per privarli dei residui di terra, li pulisco con un panno umido e infine li taglio a fettine.
2. Sfiletto il cefalo. Eviscero il pesce, lo spino per bene, lo sfiletto e lo privo anche della pelle.
3. Incartoccio gli ingredienti. Ungo un foglio di carta trasparente per cartoccio con un filo d'olio, poi stendo uno strato di salsina e infine sistemo i filetti di pesce. Spolvero con una presa di sale, quindi adagio le fettine di fungo e aggiungo un po' di vino e 2 rametti di timo. Infine, richiudo il cartoccio e lo fisso ermeticamente con l'apposito laccetto.
4. Cuocio in padella. Trasferisco il cartoccio in una padella antiaderente, quindi lascio cuocere su fuoco molto dolce e, da quando il vino inizia a bollire, faccio proseguire la cottura per una decina di minuti, fino a quando il pesce è ben cotto.
5. Impiatto. Sistemo il cefalo ancora incartocciato sul piatto da portata, decorando con rametti di timo fresco e pomodorini. Apro il cartoccio direttamente in tavola.

CHE PESCI PIGLIARE

Quando acquisti il cefalo, fai attenzione alla sua provenienza perché se è vissuto e si è alimentato in ambiente fangoso, o vicino a scarichi industriali od oleosi, il suo sapore ne riporterà fatalmente traccia. Considera che è anche illegale pescarlo in questo tipo di acque!

SECONDI PIATTI

TURCHIA

DIFFICOLTÀ

1 ora

DA PROVARE ANCHE CON
sgombro
tombarello
tonnetto

PALAMITA AL SUGO CON CAROTE

INGREDIENTI PER 4 PERSONE

• 450 g di palamita (3-4 tranci piccoli) • 2 carote • 2 cipolle bianche (o gialle) • 2-3 pomodorini (o 100 g di polpa di pomodoro) • peperoncino • aglio • mezzo bicchiere di vino bianco • olio extravergine • sale

1. Salo i tranci. Sistemo i tranci su un piatto, li cospargo con una presa di sale e li tengo in fresco.

2. Soffriggo le verdure. In un'ampia padella dai bordi alti verso un filo d'olio extravergine, quindi soffriggo uno spicchio d'aglio e metto ad appassire 2 cipolle tagliate ad anelli e le carote a rondelle. Allungo con acqua calda, metto il coperchio e continuo la cottura per 5 minuti.

3. Aggiungo il pomodoro. Quando le verdure sono appassite, aggiungo i pomodorini tagliati a dadini (o la polpa di pomodoro), allungo con un bicchiere d'acqua calda, regolo di sale e infine insaporisco con una punta di peperoncino. Metto il coperchio e continuo la cottura per 10 minuti a fiamma medio-bassa.

4. Aggiungo i tranci. Adagio in padella anche i tranci di pesce, sistemandoli uno di fianco all'altro. Quindi alzo la fiamma per rosolarli e poi la abbasso.

5. Completo la cottura e impiatto. Ricopro i tranci con il sugo alle carote e poi sfumo con mezzo bicchiere di vino bianco. Lascio evaporare, metto il coperchio e continuo la cottura per 30 minuti. Dopodiché lascio cuocere per altri 5 minuti in modo che il sugo si restringa. Lascio intiepidire e servo a temperatura ambiente.

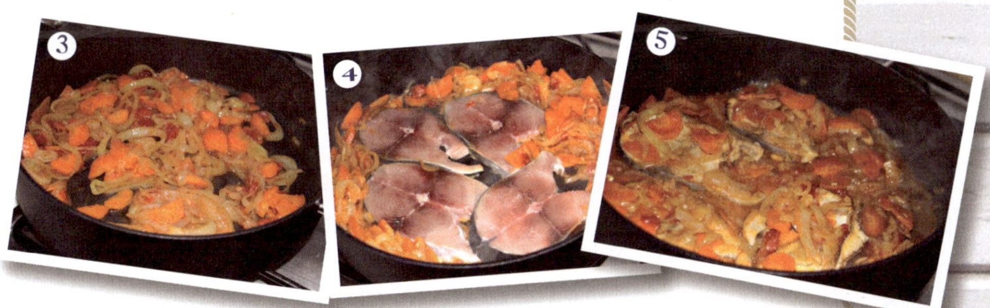

IL PIATTO CAMBIA ROTTA

Questo piatto può essere servito sia a temperatura ambiente sia più freddo, dopo averlo messo in frigorifero. Se decidi di assaporarlo più freddo, ricorda che prima lo dovrai comunque far intiepidire fuori dal frigorifero. Se vuoi contrastare la dolcezza del sugo con una nota di acidità, puoi guarnire con fettine di limone.

PAGELLO CON BIETOLE E SCAMORZA

ITALIA

DIFFICOLTÀ ★★★

50 min.

DA PROVARE ANCHE CON
tutti i tipi di pesce bianco da filetto adatti alla cottura in forno

INGREDIENTI PER 4 PERSONE

• 800 g di pagello fragolino (2 pesci) • prezzemolo tritato • foglie di mirto essiccato • olio extravergine
Per i fagottini di bietola: • 100 g di bietole (4 foglie) • 50 g di scamorza affumicata • sale
Per la riduzione all'arancia: • 1 arancia biologica • pomodorini • mezzo bicchiere di vino bianco • 1 cucchiaio di pinoli • 1 scalogno • 2 cucchiai di zucchero • olio extravergine • sale e pepe rosa

1. Preparo la riduzione all'arancia. Soffriggo lo scalogno tritato in un filo d'olio con qualche grano di pepe rosa, un pizzico di sale, i pinoli, i pomodorini a spicchi. Sfumo con il vino e faccio restringere a fuoco moderato. A parte, spolvero l'arancia tagliata a fette con lo zucchero e caramello a fuoco dolce.
2. Inforno i pagelli. Sistemo i pagelli sfilettati su una teglia e li inforno a 130° per 7-8 minuti con un filo d'olio e qualche foglia di mirto.
3. Incarto i fagottini. Taglio la scamorza a cubotti e sbollento le bietole in acqua salata. Scolo le foglie di bietola e le distendo sul piano da lavoro senza romperle. Metto al centro un cubotto di formaggio e lo avvolgo. Rivesto i fagottini così ottenuti con carta da forno, arrotolando le estremità a mo' di caramella. Infine, li sistemo su una teglia e inforno a 130° per 3-4 minuti.
4. Impiatto. Al centro di ogni piatto metto il filetto, che ricopro con le fette d'arancia caramellate. Completo con la riduzione e i pomodorini, un filo d'olio, un po' di prezzemolo tritato e a lato metto un fagottino incartato.

CHE PESCI PIGLIARE

Il pagello fragolino, che deve il nome al colore rosato della livrea, rientra nel pescato meno noto ma è molto apprezzato dagli chef per le carni compatte e dal gusto delicato, adatte a molte preparazioni. Se vuoi assaporarlo al meglio, acquistalo tra luglio e aprile: essendo di stagione, in questo periodo è anche meno costoso.

ORATA AI PORRI

INGREDIENTI PER 2 PERSONE

• 400 g di orata (1 pesce) • 2 porri • prezzemolo • mezzo bicchiere di vino bianco • olio extravergine • sale e pepe

1. Sfiletto l'orata. Eviscero l'orata, la lavo e la sfiletto. Poi, con un'apposita pinzetta, spino i filetti.

2. Preparo il condimento. Taglio i porri a rondelle sottilissime e trito finemente un ciuffo di prezzemolo. Trasferisco in una ciotola, irroro con olio extravergine, cospargo un pizzico di sale e uno di pepe e mescolo per insaporire.

3. Inforno. In una pirofila unta d'olio extravergine sistemo prima 3 quarti del condimento di rondelle di porro e prezzemolo, poi i filetti uno accanto all'altro. Regolo di sale e cospargo con un altro filo d'olio extravergine. Poi copro i filetti con porro e prezzemolo rimasti e metto a cuocere in forno preriscaldato a 180 °C per 40 minuti. A metà cottura sfumo con il vino bianco. Quindi sforno e impiatto, irrorando i filetti con il sughetto che si è formato.

COSÌ FA IL CUOCO DI BORDO

Quando cuoci il pesce in forno ricorda sempre di usare una teglia o una pirofila adeguata alla sua grandezza. Se i filetti entrano in contatto con le pareti possono bruciarsi facilmente, mentre in un contenitore troppo grande possono non cuocere regolarmente conditi. Non dimenticare neppure di mantenerlo umido irrorandolo spesso, soprattutto se è un pesce magro come l'orata, altrimenti la sua polpa tenderà a seccarsi.

ITALIA

DIFFICOLTÀ

55 min.

DA PROVARE ANCHE CON

tutti i tipi di pesce bianco da filetto adatti alla cottura in forno

SECONDI PIATTI

ISRAELE

DIFFICOLTÀ

25 min.
con i fagiolini freschi

15 min.
con i fagiolini surgelati

DA PROVARE ANCHE CON
gamberi rossi
mazzancolle
scampi

INSALATA GAMBERI E VERDURE

INGREDIENTI PER 4 PERSONE

• 300 g di gamberi sgusciati (1 trentina di crostacei) • 400 g di fagiolini (anche surgelati) • 1 finocchio • 3-4 pomodorini • 2 cucchiai di erba cipollina • 1 cipolla rossa di Tropea • aceto balsamico (facoltativo) • olio extravergine • sale

1

2

1. Lesso i gamberi. Lesso i gamberi in acqua bollente per 2 minuti al massimo, li scolo e li metto in una ciotola a raffreddare. Se preparo l'insalata con i fagiolini freschi, li mondo e li lesso in acqua bollente salata per 20 minuti circa. Se la preparo con quelli surgelati, li lesso per 7-8 minuti.

2. Taglio cipolla, pomodoro e finocchi. Nel frattempo, spello la cipolla e la taglio rondelle sottili; mondo il finocchio e lo taglio a dadini e poi taglio anche i pomodorini a spicchi. Dopodiché inizio a sistemare le verdure nella zuppiera.

3. Completo con fagiolini e gamberi. Una volta lessati, taglio i fagiolini a pezzetti. Quindi li trasferisco nella zuppiera, condisco con un filo d'olio extravergine e aggiungo anche i fili d'erba cipollina tagliati a pezzetti. Se gradisco, condisco con un filo d'aceto balsamico. Dopo aver mescolato tutte le verdure, aggiungo i gamberi. Completo con un filo d'olio extravergine, quindi porto in tavola.

CHE PESCI PIGLIARE

Gambero, gamberetto o gamberone? Dal punto di vista gastronomico si distinguono il gambero imperiale (mazzancolla), che ha carni delicatissime e molto apprezzate; i gamberi rossi, detti comunemente gamberoni, che hanno un sapore più deciso, e i gamberetti, che sono lunghi meno di 10 cm. Si possono tutti cucinare in mille modi, ma sempre con cotture brevissime, altrimenti le loro carni delicate diventano gommose.

SEPPIE IN ROSSO CON POLENTA

ITALIA

DIFFICOLTÀ

20 min.

DA PROVARE ANCHE CON
calamari
moscardini
totani

INGREDIENTI PER 4 PERSONE

• 400 g di seppie eviscerate (4 molluschi medi) • 200 g di passata di pomodoro • 1 cipolla bianca • prezzemolo tritato • mezzo bicchiere di vino bianco • olio extravergine • sale e pepe bianco
Per la polenta: • 200 g di polenta istantanea • olio extravergine • sale

1. Soffriggo. In una padella verso un filo d'olio extravergine, quindi soffriggo la cipolla tritata. Dopodiché sfumo con il vino bianco e lascio evaporare.

2. Rosolo le seppie. Nella stessa padella metto subito a rosolare le seppie eviscerate e spellate intere e aggiungo quasi tutta la passata di pomodoro. Poi spolvero di pepe bianco, mescolo con un mestolo di legno e continuo la cottura per 15 minuti circa.

3. Preparo la polenta morbida. In un'ampia casseruola verso circa un litro d'acqua con un cucchiaio di sale, porto a bollore e poi verso la polenta. Continuando a mescolare con una frusta, allungo con un filo d'olio extravergine e lascio cuocere circa 5 minuti per ottenere una consistenza non troppo densa.

4. Impiatto. Su ciascun piatto stendo un letto di polenta, vi sistemo le seppie e poi spolvero con una manciata di prezzemolo tritato.

COSÌ FA IL CUOCO DI BORDO

Se è vero che le seppie piccole non si spellano quasi mai, può capitare di doverlo fare con quelle medie o grandi. Comunque è una cosa molto semplice: puoi slabbrare la pelle con un coltellino e poi tirarla. Se dovessi incontrare qualche difficoltà con molluschi particolarmente grandi, puoi aiutarti prendendo la pelle con un canovaccio di tela.

ORATA A BARCHETTA

ITALIA

DIFFICOLTÀ ✶✶

35 min.

DA PROVARE ANCHE CON
branzino, dentice, leccia, occhiata, ombrina, pagello, pezzogna

INGREDIENTI PER 4 PERSONE

• 1,6 kg di orata (4 pesci sfilettati dal dorso a mo' di barchetta ed eviscerati) • 10 pomodorini • capperi dissalati • 2 bicchieri di vino bianco • 4 fette d'arancia biologica • olio extravergine • sale e pepe
Per il ripieno: • 6 fette di pane casereccio • 30 g di mandorle • caciocavallo • la scorza di 1 arancia biologica • aneto • basilico • aglio • olio extravergine

1. Preparo il ripieno. Con il robot da cucina sminuzzo le fette di pane assieme alla scorza d'arancia, qualche foglia di basilico e aneto, una grattugiata di caciocavallo, le mandorle, uno spicchio d'aglio e olio a sufficienza per ottenere un composto morbido.
2. Riempio le orate. Salo l'interno delle orate e spolvero con il pepe. Quindi le riempio con il ripieno. Infine, le sistemo su una pirofila unta d'olio, inserendo sotto alla bocca di ogni pesce una fetta d'arancia come piedistallo.
3. Inforno. Aggiungo i pomodorini tagliati a metà, i capperi, il vino e un filo d'olio. Quindi metto a cuocere in forno preriscaldato a 180 °C per 15-20 minuti.
4. Impiatto. Sistemo le orate nei piatti. Poi trasferisco il fondo di cottura della pirofila in una padella e lo passo qualche minuto sulla fiamma per ottenere una riduzione, con cui irroro i pesci. Completo con un filo d'olio e servo.

IL MARE DA AMARE

L'orata ha carne soda, elastica e un sapore caratteristico, con un sentore marino molto armonico. Non è infatti un caso che sia richiestissima e, come già accade per il branzino, inizi a soffrire di una pesca eccessiva. Per fortuna, in Italia gli allevamenti di queste specie sono ben avviati, in vasche a mare e in impianti terrestri, e la qualità degli esemplari allevati non è inferiore a quella dei selvatici. Perciò consuma pesci dell'acquacoltura italiana: il Mediterraneo te ne sarà grato!

ROTOLINI DI SOGLIOLA

EGITTO

DIFFICOLTÀ

20 min.

DA PROVARE ANCHE CON
passera di mare
rombo

INGREDIENTI PER 2 PERSONE

(porzioni abbondanti)

• 400 g di sogliola (8 filetti) • 8 fette di pancetta (o bacon) • 8 acini d'uva bianca • 15 g di burro (1 cucchiaio) • 1 bicchiere di vino bianco • sale e pepe

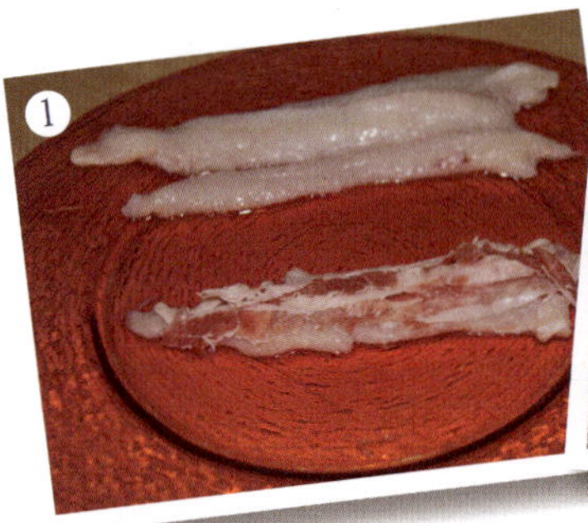

1. Preparo i filetti. Controllo che i filetti di sogliola siano privi di spine e, se occorre, li ripulisco bene utilizzando una pinzetta. Dopodiché li metto su un grande piatto piano e su ognuno sistemo una fetta di pancetta, accertandomi che la polpa del pesce sia ben ricoperta.

2. Creo i rotolini. Avvolgo un filetto su se stesso, quindi lo fisso con uno stecchino di legno. Ripeto l'operazione con tutti gli altri filetti per ottenere 8 rotolini ripieni di pancetta. Quindi spello gli acini e li privo dei semi.

3. Li cuocio. In una padella faccio sciogliere il burro e poi metto a dorare i rotolini per 4 minuti, rigirandoli delicatamente con un mestolo di legno. Aggiungo un pizzico di sale, il vino bianco e continuo la cottura con il coperchio per altri 5 minuti.

4. Aggiungo l'uva. Tolgo il coperchio e lascio cuocere ancora per 5 minuti in modo che il sughetto si restringa. A fine cottura aggiungo gli acini, li schiaccio con il mestolo di legno, regolo di sale e pepe. Trasferisco su un piatto da portata e servo ben caldo.

CHE PESCI PIGLIARE

Come faccio a non confondere la sogliola con altri pesci meno pregiati? La sogliola ha una forma perfettamente ellissoidale ed entrambi gli occhi su un lato del corpo, quello scuro, che si mimetizza col colore del mare. Il periodo migliore per consumarla va da settembre a marzo. Benché sia molto magra e delicata, la sua polpa è bella carnosa e per nulla asciutta. L'importante è cuocerla il giusto per farla rimanere succosa. Per esempio, io quando la cucino intera faccio sempre in modo che la lisca rimanga leggermente rosata.

GRATIN DI VERDURE CON NASELLO

ITALIA

DIFFICOLTÀ

★★★

1 ora

DA PROVARE ANCHE CON

tutti i tipi di pesce bianco da filetto adatti alla cottura in forno

INGREDIENTI PER 4 PERSONE

• 2 kg di nasello (4 pesci) • 500 g di cicoria • 500 g di bietole • 500 g di fagiolini • 1 melanzana • 1 cavolfiore • aglio • olio extravergine • sale

Per il gratin: • 1 scalogno • basilico • alloro • prezzemolo • menta (facoltativa) • pangrattato • olio extravergine

1. Sbollento fagiolini e cavolfiore. In 2 pentole diverse metto a bollire abbondante acqua. In una sbollento i fagiolini, nell'altra le cime del cavolfiore.

2. Cuocio la melanzana. Taglio la melanzana a fette spesse e poi le cuocio in una padella antiaderente solo con una presa di sale. Nel frattempo, sfiletto e spello il nasello e lo metto da parte.

3. Salto cicoria e bietole. In una padella soffriggo 2 spicchi d'aglio in un filo d'olio. Quindi aggiungo la cicoria e, dopo un minuto, anche le bietole. Salto e spengo la fiamma quando sono ancora croccanti. Le lascio raffreddare e le trito finemente. Poi preparo il gratin: in una ciotola amalgamo il pangrattato con lo scalogno, un trito delle erbe aromatiche e un filo d'olio per ottenere un composto morbido ma asciutto.

4. Compongo il tortino. Su una teglia unta d'olio sistemo 4 coppapasta, che nell'ordine riempio con una fetta di melanzana, una manciata di fagiolini, cime di cavolfiore e foglie di bietola e cicoria tritate. Su un'altra teglia sistemo i filetti, che irroro con un filo d'olio e regolo di sale.

5. Inforno verdure e nasello. Inforno a 180 °C per una decina di minuti. Poi tolgo i coppapasta, trasferisco sui piatti e completo ogni tortino con 2 filetti di nasello.

COSÌ FA IL CUOCO DI BORDO

Se ho pane raffermo in casa, preparo io stessa il pangrattato: lo taglio a fette sottili, lo rendo croccante in forno preriscaldato a 100 °C e poi lo trito finemente al mixer.

SOGLIOLA ALLA MARANESE

ITALIA

DIFFICOLTÀ

25 min.

DA PROVARE ANCHE CON
passera di mare
rombo
suacia

INGREDIENTI PER 4 PERSONE

• 1 kg di sogliola (4 pesci) • 8 carciofi • pangrattato • farina tipo 00 • basilico tritato • prezzemolo tritato • aglio • mezzo bicchiere di vino bianco • il succo di 1 limone • olio extravergine • sale

1. Sfiletto le sogliole e taglio i carciofi. Eviscero le sogliole, le spello, le sfiletto e con una pinzetta le spino. Poi mondo i carciofi privandoli di parte del gambo, delle spine, delle parti più dure e della barbetta, quindi li taglio a piccoli spicchi e li metto in acqua acidulata con il succo del limone.

2. Rosolo i carciofi. In una padella verso un filo d'olio extravergine, soffriggo uno spicchio d'aglio e metto a rosolare le fettine di carciofo. Quindi spolvero con un pizzico di basilico e prezzemolo tritati e uno di pangrattato. Salto velocemente, aggiungo qualche goccia di succo di limone e termino la cottura.

3. Rosolo le sogliole. Passo i filetti di sogliola prima nella farina, poi nel pangrattato, li regolo di sale e li cospargo con basilico e prezzemolo tritati. Quindi li metto a rosolare brevemente in un'altra padella in cui ho già scaldato un filo d'olio. Sfumo con mezzo bicchiere di vino bianco, lascio evaporare e concludo la cottura. Trasferisco su un piatto da portata assieme ai carciofi e servo.

CHE PESCI PIGLIARE

Grazie agli chef della grande cucina classica francese del XIX secolo, tra tutti i pesci la sogliola è diventata la regina d'Europa. Già nell'antichità, però, era molto apprezzata dai Romani, che la chiamavano *solea Jovis* (sandalo di Giove) per l'eccellenza delle sue carni. Per quanto sia buonissima, accertati sempre di comprare un esemplare italiano (e quindi più fresco) e non sogliole africane e asiatiche, che ormai hanno invaso anche i mercati del nostro Paese.

SPAGNA

DIFFICOLTÀ

30 min.

DA PROVARE ANCHE CON
tutti i tipi di pesce bianco da trancio

CERNIA ALL'ARANCIA

INGREDIENTI PER 4 PERSONE
(porzioni abbondanti)

• 800 g di cernia (1 pesce) • 1 arancia • sale
Per la salsa all'arancia: • 2 cucchiai di farina • 20 g di burro (1 cucchiaio colmo) • 1,5 litri di brodo vegetale • sale

1. Griglio i tranci di cernia. Squamo la cernia, la eviscero, la lavo accuratamente sotto acqua corrente e poi la riduco in tranci, ottenendone 5 o 6. Dopodiché metto la piastra (o la bistecchiera) sui fuochi, la scaldo e vi sistemo i tranci. Li griglio prima da un lato e poi dall'altro e, una volta cotti, li regolo di sale. A questo punto spremo l'arancia.

2. Preparo la salsa. In una casseruola antiaderente sciolgo il burro, quindi aggiungo la farina e con una frusta mescolo subito e velocemente. Quando farina e burro sono ben amalgamati, unisco lentamente e a filo il brodo vegetale caldo e il succo dell'arancia spremuta incorporando sempre con la frusta.

3. Impiatto con la salsa. Ottenuta una salsa di colore omogeneo, aggiungo un pizzico di sale e mescolo nuovamente. Quindi sistemo su ciascun piatto un trancio di cernia e completo con una colata di salsa all'arancia.

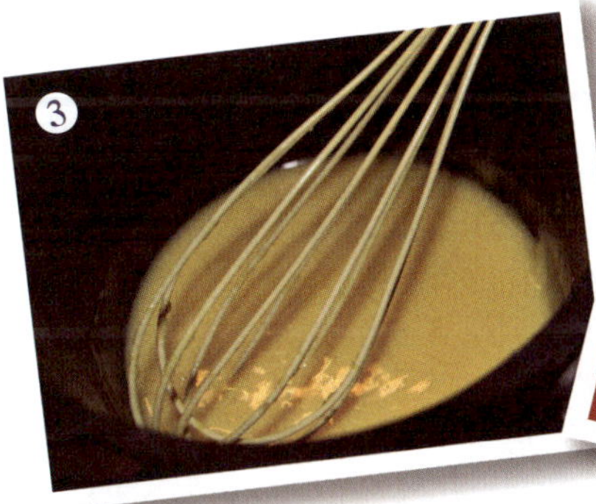

NOTE DI SAPORE

Non è un caso se in alcune zone della Spagna si pensa che la cernia sia quanto di più buono possa offrire il mare: cucina questo secondo e ne avrai la prova. D'altra parte la cernia ha carni sode e di indiscussa qualità, che si adattano a diverse preparazioni. Le sue dimensioni inducono a cucinarla a tranci, gustosi sia alla griglia sia in umido sia al forno. Se non è troppo grossa e riesci a prepararla intera, è buonissima anche semplicemente lessata e accompagnata da maionese o altra salsa oppure ancora cotta al cartoccio con le erbe aromatiche.

CEFALO VERNACCIA E POMODORO

ITALIA

DIFFICOLTÀ

15 min.

DA PROVARE ANCHE CON
tutti i tipi di pesce bianco da filetto

INGREDIENTI PER 4 PERSONE

• 1 kg di cefalo (2 pesci) • 4 cucchiai di passata di pomodoro • prezzemolo tritato • peperoncino secco • alloro • aglio • 1 bicchiere di vernaccia • olio extravergine • sale

1. Sfiletto i cefali. In un lavello squamo i cefali, poi li eviscero e li lavo sotto acqua corrente. Quindi li sfiletto e con un'apposita pinzetta li ripulisco delle spine.

2. Soffriggo. In una padella verso abbondante olio extravergine e soffriggo uno spicchio d'aglio a lamelle e una manciata di prezzemolo tritato. Quindi aggiungo subito la passata di pomodoro e sfumo con mezzo bicchiere di vernaccia.

3. Rosolo i filetti. Metto a rosolare i filetti di cefalo con la pelle rivolta verso il fondo della padella. Spolvero con un'altra manciata di prezzemolo tritato e cospargo con una presa di sale. Insaporisco con una punta di peperoncino secco e una foglia di alloro spezzettata, sfumo ancora con il vino e poi porto a cottura rivoltando delicatamente i filetti con una paletta. Impiatto e servo.

COSÌ FA IL CUOCO DI BORDO

Benché sia meno conosciuto, ti assicuro che il cefalo non ha nulla da invidiare alla spigola e all'orata. Anzi, si presta a mille preparazioni, tant'è che nelle lagune italiane, specialmente quelle sarde, è una vera star delle cucine locali. Per ottenere ottimi risultati, cuoci gli esemplari più piccoli in padella e quelli di maggiori dimensioni al forno, stufati o in umido, accompagnandoli da spezie ed erbe aromatiche. In questo piatto a esaltare il suo sapore contribuisce anche la vernaccia, vino bianco prodotto in diverse regioni d'Italia.

SEPPIE CON PATATE

SPAGNA

DIFFICOLTÀ ★★

1 ora 10 min.

DA PROVARE ANCHE CON
calamari
moscardini
totani

INGREDIENTI PER 4 PERSONE

• 400 g di seppie eviscerate (4 molluschi medi) • 4 patate medie • 1 peperone rosso • 1 peperoncino tritato • 1 cipolla gialla • 3 foglie d'alloro • aglio • 150 ml di vino bianco • brodo di pesce (o vegetale) • olio extravergine • sale e pepe

1

2

3

1. Soffriggo. In una capiente casseruola metto a soffriggere la cipolla tagliata a rondelle. Quando è appassita, aggiungo uno spicchio d'aglio tritato, il peperoncino, le foglie d'alloro e il peperone privato dei semi e tritato grossolanamente. Lascio cuocere per una quindicina di minuti, allungando con brodo caldo (o acqua calda) se necessario.

2. Aggiungo patate e seppie. Metto a cuocere anche le patate tagliate a fette spesse circa 1 cm e le seppie, ridotte in striscioline di 7 cm per 3. Sfumo con il vino, lascio evaporare e regolo di sale e pepe. Metto il coperchio e continuo la cottura a fuoco vivace per circa 30 minuti, ovvero fino a quando le seppie sono tenere, allungando sempre con brodo caldo (o acqua calda) al bisogno.

3. Impiatto. Distribuisco seppie e verdure in 4 piatti, completo con un filo d'olio extravergine e servo.

IL PIATTO CAMBIA ROTTA

In Andalusia queste deliziose *chocos con papas* vengono servite anche come stuzzichini da aperitivo, con un bicchierino di sherry fino freddo. Quando le cucini, puoi utilizzare anche seppie o calamari di grosse dimensioni perché tagliati a pezzetti e cotti in questo modo non rischiano di rimanere stopposi.

SECONDI
PIATTI

EGITTO

DIFFICOLTÀ

25 min.

DA PROVARE
ANCHE CON
passera di mare
rana pescatrice
sogliola

ROMBO ALL'ARANCIA

INGREDIENTI PER 4 PERSONE

• 1,5 kg di rombo (1 pesce) • farina tipo 00
Per la salsina: • 3 arance biologiche • 1 bicchierino di brandy (o altro liquore simile) • aglio • olio extravergine • sale

1. Infarino i filetti. Eviscero il rombo e lo lavo accuratamente. Quindi lo spello, aiutandomi eventualmente con un canovaccio, e lo sfiletto. Con un'apposita pinzetta ripulisco i filetti dalle spine. Dopodiché verso la farina in un piatto e infarino i filetti, ricoprendoli accuratamente da entrambe le parti.

2. Preparo la salsina. Grattugio la scorza di una sola arancia e poi le spremo tutte e 3, mettendo il succo da parte. In un'ampia padella dai bordi alti metto a soffriggere uno spicchio d'aglio svestito nell'olio extravergine, quindi aggiungo il succo e la scorza grattugiata e allungo con un bicchierino di brandy. Regolo di sale e proseguo la cottura a fiamma vivace per 4-5 minuti.

3. Aggiungo i filetti. Quando la salsina si è un po' ritirata, elimino lo spicchio d'aglio, metto in padella i filetti infarinati e abbasso la fiamma.

4. Concludo la cottura. Dopo qualche minuto rivolto delicatamente i filetti sull'altro lato, con un cucchiaio li irroro di salsina prelevandola dal fondo della padella e concludo la cottura. Quindi trasferisco ogni filetto su un piatto completando con un po' di salsina. Servo caldo.

CHE PESCI PIGLIARE

Spesso il rombo viene confuso con la passera di mare, che però ha carni meno pregiate. Per distinguerli, guarda la testa: quella della passera è rivolta a destra, quella del rombo a sinistra. Il migliore di tutti i rombi è quello chiodato, di forma decisamente romboidale, con la pinna dorsale che fa quasi angolo. Pensa che in Francia, dove è più abbondante, è così apprezzato che per la sua cottura è stata inventata una pesciera proprio a forma di rombo, detta *turbotière*, termine che deriva dal nome francese del pesce (*turbot*).

POLPO ALLA LUCIANA

ITALIA

DIFFICOLTÀ ✱✱✱

1 ora 10 min.

DA PROVARE ANCHE CON
moscardino
polpessa

INGREDIENTI PER 4 PERSONE

• 1 kg di polpo verace eviscerato • 4 zucchine • 4 fiori di zucca • 1 quindicina di pomodorini • qualche cucchiaiata di passata di pomodoro • capperi sotto sale • olive nere denocciolate • peperoncino • prezzemolo • aglio • 1 bicchiere di vino bianco • olio extravergine • sale

Per la presentazione: • 4 fette di pane casereccio tostate

1. Rosolo il polpo. In una capiente casseruola metto a soffriggere nell'olio extravergine uno spicchio d'aglio e un peperoncino tritati. Dopodiché metto a rosolare il polpo intero a testa in su e sfumo con il vino bianco. Quindi aggiungo i pomodorini tagliati a metà, la passata di pomodoro, una manciata di capperi, una di olive denocciolate intere e le foglie di un ciuffo di prezzemolo.

2. Aggiungo i fiori di zucca. Quando il polpo è ben rosolato, alzo la fiamma e lascio cuocere per circa 25 minuti. Poi aggiungo i fiori di zucca e continuo la cottura per altri 30 minuti circa.

3. Sbollento e friggo le zucchine. Taglio a listarelle le zucchine e le sbollento per 5-6 minuti in acqua bollente salata. Quindi le immergo in acqua fredda e poi le scolo. In una padella metto prima a scaldare abbondante olio extravergine e poi a friggere le zucchine per un paio di minuti.

4. Impiatto. Su un piatto da portata sistemo il polpo intero e guarnisco con le zucchine fritte e le fette di pane tostate.

NOTE DI SAPORE

Sai perché si chiama *polpo alla Luciana*? Tra i piatti più noti della cucina napoletana, questo secondo deve il suo nome agli abitanti di Santa Lucia, antico borgo di marinai esperti nella pesca del polpo verace, che lo cucinavano in un tegame di coccio. La versione più tradizionale prevede solo capperi, olive e pomodorini, ma questa rivisitazione che ho assaggiato a Torre del Greco è davvero strepitosa!

PESCE SCIABOLA ALLA VIAREGGINA

ITALIA

DIFFICOLTÀ

35 min.

DA PROVARE ANCHE CON
tutti i tipi di pesce da filetto tranne quelli piccoli

INGREDIENTI PER 4 PERSONE

• 700 g di pesce sciabola (4 filetti) • 1 melanzana grossa • 6 pomodorini • 1 cipolla bianca • 200 g di fiori di cappero • 200 g di olive denocciolate • 1 bicchiere di vernaccia • brodo di pesce • mezzo bicchiere d'olio extravergine • sale

1. Griglio la melanzana. Taglio la melanzana a fette spesse circa 1 cm e trito la cipolla. Quindi sistemo le fette in un vassoio, le cospargo di un'abbondante presa di sale e le metto a perdere il liquido di vegetazione per circa 15 minuti. Dopodiché le sciacquo velocemente per ripulirle dal sale, unisco un filo d'olio extravergine e le griglio sulla piastra calda.

2. Sfiletto il pesce. Privo il pesce della testa e della coda, quindi lo taglio prima a tranci, poi elimino la lisca centrale e infine lo riduco a filetti.

3. Soffriggo le verdure. In una casseruola dai bordi bassi verso un filo d'olio extravergine e aggiungo la cipolla tritata grossolanamente, i pomodorini tagliati a metà, i fiori di cappero e le olive denocciolate. Quindi accendo la fiamma e lascio cuocere fino a quando la cipolla appassisce. Infine sfumo con la vernaccia.

4. Cuocio i filetti di pesce. Quando la vernaccia è evaporata, metto in padella i filetti di pesce sciabola con la pelle rivolta verso il fondo. Regolo di sale, aggiungo un mestolo di brodo di pesce caldo, metto il coperchio e lascio cuocere per una decina di minuti. Dopodiché impiatto, sistemando i filetti di sciabola sul letto di fette di melanzana.

COSÌ FA IL CUOCO DI BORDO

Questo è solo uno dei tanti modi in cui puoi cucinare il pesce sciabola, che ha carni molto saporite, tenere e quasi senza lische. Ottimo stufato e cotto in padella, dà il meglio di sé anche fritto a tranci. Ricorda di consumarlo sempre ben cotto perché è uno dei pesci più soggetti all'attacco di Anisakis, parassita che può causare seri fastidi agli uomini.

GRECIA

DIFFICOLTÀ ✶✶

2 ore 20 min.

DA PROVARE ANCHE CON
moscardino
polpessa

POLPO AL VINO ROSSO

INGREDIENTI PER 4 PERSONE

• 1-1,2 kg di polpo • 150 ml di vino rosso secco • 2-3 cipolle gialle e/o rosse • 2 grossi pomodori • 1 cucchiaio di concentrato di pomodoro • 50 ml d'aceto di vino rosso • 1 rametto di rosmarino • 2 chiodi di garofano • noce moscata • cannella (facoltativa) • olio extravergine • sale e pepe

1. Preparo il polpo. Per prima cosa, taglio a rondelle le cipolle; spello i pomodori e li privo dei semi e trito finemente gli aghi del rosmarino. Dopodiché eviscero il polpo e lo lavo accuratamente sotto acqua corrente. Quindi lo trasferisco in un'ampia casseruola e, senza aggiungere alcun condimento né acqua, lo lascio cuocere per 6-7 minuti a fiamma media. Quando diventa rosso, lo trasferisco su un tagliere e lo taglio a tocchetti non troppo piccoli, privandolo di becco e occhi.

2. Lo rosolo. Nella stessa casseruola verso abbondante olio extravergine e soffriggo le rondelle di cipolla. Quando sono ben appassite, metto a rosolare i tocchetti di polpo. Quindi sfumo con il vino rosso e l'aceto e lascio evaporare.

3. Concludo la cottura. A questo punto aggiungo anche i pomodori, il concentrato, il rosmarino, un pizzico di noce moscata, eventualmente uno di cannella, i chiodi di garofano e un cucchiaino di pepe. Poi regolo di sale, mescolo, metto il coperchio e continuo la cottura per 2 ore, ovvero fino a quando il polpo sarà morbidissimo. Infine, impiatto e servo.

IL PIATTO CAMBIA ROTTA

Ho assaggiato questa ricetta in Grecia e mi ha subito colpito per i suoi forti sapori. Personalmente la preferisco senza cannella, ma se ti piace sentire il suo aroma puoi anche aggiungerne più di un pizzico. A ogni modo, questo ottimo secondo può diventare piatto unico se servito su un letto di couscous oppure di polenta. In dosi inferiori e accompagnato da semplici crostini, può trasformarsi in un gustoso antipasto.

ITALIA

DIFFICOLTÀ

30 min.

DA PROVARE ANCHE CON
tombarello
tonnetto

PALAMITA AI PISELLI

INGREDIENTI PER 6 PERSONE

• 1 kg di palamita (4-5 tranci) • 500 g di pomodori pelati • 270 g di piselli sgocciolati (1 scatola) • prezzemolo tritato • aglio • olio extravergine • sale

1. Preparo il sugo. In un'ampia padella dai bordi alti metto a soffriggere uno spicchio d'aglio in un filo d'olio extravergine. Quindi aggiungo i pomodori pelati e li disfo con un mestolo di legno.

2. Aggiungo i tranci. Dopo 5 minuti metto a cuocere i tranci di palamita e, dopo altri 10 minuti, i piselli sciacquati e ben sgocciolati. Continuo la cottura per 10 minuti, allungando con acqua calda al bisogno. A fine cottura regolo di sale.

3. Impiatto. Su ciascun piatto metto un trancio di palamita, un po' di sugo e qualche cucchiaiata di piselli. Quindi spolvero di prezzemolo tritato e porto in tavola.

COSÌ FA IL CUOCO DI BORDO

Alcuni ritengono che la palamita sia un parente del tonno molto meno gustoso. In realtà, si sbagliano: la palamita è infatti un pesce con carni rosee e compatte, dal sapore forte e generoso, con una lieve punta di acidità, e ben si presta a diverse preparazioni. Oltre a essere ottimi cotti in umido, i suoi tranci sono buonissimi anche grigliati e conditi con erbe aromatiche fini, oppure infarinati e fritti. Una volta fritti, possono anche essere preparati in carpione.

SEPPIE IN ZIMINO AL CURRY

ITALIA

DIFFICOLTÀ

1 ora 10 min.

DA PROVARE ANCHE CON
calamari
vongole

INGREDIENTI PER 4 PERSONE

• 1 kg di seppie (1 decina di molluschi medi) • mezzo filetto d'acciuga sotto sale • 1 cespo di bietole • 10-12 cucchiai di polpa di pomodoro • 1 cucchiaio di curry • peperoncino • aglio • fumetto di pesce (o brodo vegetale) • mezzo bicchiere di vino bianco • olio extravergine • sale
Per la presentazione: • crostini di pane

1. Taglio le seppie. Eviscero, spello e lavo le seppie. Quindi le taglio a listarelle piuttosto larghe.
2. Le rosolo. In una casseruola verso abbondante olio extravergine e metto a soffriggere 2 spicchi d'aglio svestiti e schiacciati. Dopodiché elimino un solo spicchio, aggiungo una punta di peperoncino e metto a rosolare le seppie. Alzo la fiamma e sfumo con il vino bianco. Una volta evaporato, aggiungo la polpa di pomodoro e mescolo con un mestolo di legno. Quindi continuo la cottura a fuoco dolce per 30 minuti circa.
3. Sbollento le bietole. Nel frattempo, in una pentola piena d'acqua bollente salata scotto per un paio di minuti le foglie di bietola tagliate grossolanamente.
4. Unisco le bietole alle seppie. Scolo le bietole e le aggiungo alle seppie. Quindi allungo con il fumetto di pesce fino a coprire i molluschi. Aggiungo anche mezzo filetto d'acciuga sotto sale lavato. Infine, insaporisco con un cucchiaio di curry e lascio cuocere ancora per 15 minuti circa. Impiatto, sistemando le seppie su un letto di crostini, e servo.

NOTE DI SAPORE

Lo *zimino*, detto anche *all'inzimino*, consiste nel cuocere in umido molluschi e pesci con bietole (o spinaci) e aglio. Il piatto, diffuso in Liguria e in Toscana, è qui rivisitato grazie all'aggiunta del curry che, con il peperoncino, gli conferisce un sapore alquanto deciso. La differenza la fa anche un buon fumetto di pesce, preparazione più ristretta del brodo.

MAROCCO

DIFFICOLTÀ ✶✶

30 min.

DA PROVARE ANCHE CON
acciughe
mazzancolle

CROCCHETTE DI SARDE

INGREDIENTI PER 10 CROCCHETTE

• 375 g di filetti di sardina fresca (1 cinquantina di filetti) • 40 g di gamberetti sgusciati (6-7 crostacei) • 1 uovo • farina tipo 00 • pangrattato • la scorza di mezzo limone biologico • 1 cucchiaio di cipolla tritata • 1 cucchiaio di coriandolo fresco tritato • prezzemolo tritato • cannella • cumino • peperoncino secco • aglio • olio d'arachidi • sale e pepe

Per il sugo: • 400 g di polpa di pomodoro • aglio • olio extravergine • sale

1. Preparo il composto. Nel bicchiere del mixer metto i filetti di sardina, mezzo spicchio d'aglio, la cipolla, il coriandolo, un pochino di prezzemolo, un pizzico di cannella, uno di cumino e un pezzettino di peperoncino secco, la scorza di limone e una presa di sale, quindi riduco in un composto omogeneo.

2. Condisco i gamberetti e preparo il sugo. Taglio i gamberetti sgusciati a pezzetti, quindi li condisco con un pizzico di sale e uno di pepe. Dopodiché preparo il sugo: in una pentola soffriggo uno spicchio d'aglio in un filo d'olio, aggiungo la polpa di pomodoro e lascio cuocere per una quindicina di minuti ricordando di regolare di sale prima di spegnere la fiamma.

3. Modello e friggo le crocchette. Con la forchetta sbatto un uovo con un pizzico di sale. Poi preparo le crocchette, praticando al centro una cavità in cui inserire un pezzetto di gamberetto. Le passo prima nella farina, poi nell'uovo e infine nel pangrattato. In una pentola alta, metto a scaldare abbondante olio d'arachidi e poi tuffo le crocchette. Quindi le trasferisco su un piatto rivestito di carta da cucina per far assorbire l'olio in eccesso. Servo con il sugo.

CHE PESCI PIGLIARE

La sardina e l'acciuga si differenziano per la conformazione della bocca. Quella dell'acciuga è più appuntita, con la mascella superiore molto più lunga di quella inferiore, mentre nella sardina accade il contrario. In cucina sono sostituibili, ma essendo la sardina mediamente più grossa dell'acciuga, i suoi tempi di cottura sono tendenzialmente più lunghi.

ITALIA

DIFFICOLTÀ

50 min.

DA PROVARE ANCHE CON
calamari
totani
sarde sotto sale

ROTOLINI DI SEPPIA

INGREDIENTI PER 4 PERSONE

• 400 g di seppie (4 molluschi) • 10 pomodorini • aglio • olio extravergine
Per il ripieno: • 2 cucchiai di pangrattato • 3 cucchiai di pecorino • olio extravergine • sale
Per il tortino: • 20 g di acciughe sotto sale (4 filetti) • 2 patate lesse • 5 cucchiai di pesto • prezzemolo tritato • olio extravergine

1. Taglio e farcisco le seppie. Spello le seppie, le eviscero e apro le sacche tagliandole in verticale. Ne trito finemente i tentacoli e li amalgamo con gli altri ingredienti del ripieno. Poi ne spalmo un po' su ogni sacca, arrotolo e fisso con stecchini di legno.

2. Le rosolo. In una padella soffriggo in un filo d'olio uno spicchio d'aglio in camicia schiacciato. Poi rosolo le seppie ripiene, rigirandole delicatamente. Irroro con un bicchiere d'acqua calda e lascio cuocere per 10 minuti. Aggiungo i pomodorini tagliati a metà e continuo la cottura per 5 minuti. Metto da parte seppie e pomodorini, lasciando in padella un po' di fondo di cottura.

3. Preparo il tortino. In una ciotola schiaccio le patate lesse con una forchetta e poi aggiungo i filetti di acciuga tagliuzzati, il pesto, un po' di prezzemolo e un filo d'olio. Amalgamo per ottenere un composto omogeneo, che poi salto in padella con il fondo di cottura delle seppie.

4. Impiatto. Taglio le seppie ripiene a fette. Con un coppapasta creo su ogni piatto un tortino di patate, vi sistemo i rotolini e completo con i pomodorini e un po' di sughetto.

COSÌ FA IL CUOCO DI BORDO

L'età della seppia incide su durata di cottura e qualità delle carni, ma non è sempre proporzionale alle dimensioni: una seppia di 5 cm (esclusi i tentacoli) è sicuramente giovane, mentre una di 15 cm può essere più vecchia di una di 20. Per le cotture brevi scegli seppie di 10-12 cm.

TORTINO CON SAUTÉ DI VONGOLE

ITALIA

DIFFICOLTÀ ★★

20 min.

DA PROVARE ANCHE CON cozze

INGREDIENTI PER 4 PERSONE

• 1,2 kg di vongole (1 ottantina di molluschi) • mezza stecca di vaniglia • menta • 20 g di zenzero in agrodolce (marinato con sale e zucchero) • mezzo bicchiere di vino bianco • aglio

Per la zuppa di pane: • 100 g di pane raffermo (2 panini) • 1 pomodoro maturo • 1 cipolla bianca media • peperoncino • olio extravergine • sale

1. Apro le vongole. In una casseruola metto ad aprire su fuoco moderato le vongole già sciacquate con 2 spicchi d'aglio, la vaniglia e il vino bianco, scuotendo di tanto in tanto il tegame per far distribuire uniformemente il vapore. Poi le sguscio mettendole in un piatto e, se ne è rimasta qualcuna chiusa, la scarto. Nel piatto metto anche il liquido di cottura, che privo di eventuali pezzetti di guscio con un cucchiaio.

2. Preparo la zuppa di pane. In un'altra casseruola soffriggo nell'olio extravergine la cipolla tritata con una punta di peperoncino, quindi aggiungo il pomodoro e il pane raffermo tagliati a dadini. Cospargo con un pizzico di sale e porto a cottura.

3. Impiatto. Al centro di ogni piatto piano sistemo un coppapasta e lo riempio di zuppa di pane, compatto con un cucchiaio e lo tolgo delicatamente. Completo con uno strato di vongole, un pochino del loro liquido, qualche lamella di zenzero in agrodolce e decoro con foglioline di menta.

NOTE DI SAPORE

Questo secondo presenta in modo molto originale il *sauté* (detto anche *soté*), ovvero quella che difatti è l'apertura delle vongole saltate in padella solitamente con una base di olio, aglio, prezzemolo tritato e vino bianco. In altre parole, una tecnica di cottura che ti ritroverai ad applicare diverse volte preparando le tante ricette di questo libro che prevedono i molluschi in conchiglia.

SEPPIE AL NERO CON POLENTA

SPAGNA

DIFFICOLTÀ

40 min.

DA PROVARE ANCHE CON
calamari
totani

INGREDIENTI PER 2 PERSONE

• 400 g di seppie con nero (4 molluschi medi) • mezza cipolla • 1 pomodoro maturo • farina tipo 00 • prezzemolo tritato • 150 ml di vino bianco • aglio (facoltativo) • olio extravergine • sale

Per la polenta: • 125 g di polenta istantanea • latte (facoltativo) • sale

1. Preparo la polenta e soffriggo la cipolla. Per prima cosa, preparo la polenta, versandola in acqua bollente salata (eventualmente acqua e latte in parti uguali) e mescolando con una frusta a fuoco dolce. Quindi la distendo direttamente sul piatto da portata e la lascio raffreddare. Dopodiché pulisco le seppie, le taglio a pezzetti e le infarino. Quindi spello la cipolla, la trito finemente e la metto a soffriggere in una padella con un filo d'olio extravergine. Se gradisco, posso aggiungere anche uno spicchio d'aglio tritato.

2. Rosolo le seppie. Aggiungo in padella le seppie infarinate e le rosolo, facendole insaporire finché riassorbono il liquido formato. Nel frattempo, taglio il pomodoro a dadini.

3. Aggiungo il pomodoro. Sfumo le seppie con il vino bianco e aggiungo il pomodoro tagliato a dadini.

4. Unisco il nero e impiatto. Verso in padella anche il nero e amalgamo con un mestolo di legno. Metto il coperchio e lascio cuocere per 20 minuti a fuoco dolce, allungando al bisogno con un po' d'acqua calda. Infine, regolo di sale. Quindi completo il piatto: ricopro il letto di polenta con le seppie al nero e spolvero con il prezzemolo tritato.

IL PIATTO CAMBIA ROTTA

Sicuramente questo piatto ha un aspetto inusuale, ma ti assicuro che è molto gustoso. Io l'ho assaggiato in Spagna, dove molto spesso viene preparato con i calamari, ma ne esiste anche una versione veneziana, in cui solitamente le seppie non vengono infarinate e spesso vengono servite con polenta bianca. In alternativa alla polenta, buonissima anche grigliata, puoi servirlo con i crostini. Volendo, puoi anche cucinare le seppie al nero come condimento per la pasta.

BARRACUDA ALLA CIPOLLA

ITALIA

DIFFICOLTÀ ✶✶

30 min.

DA PROVARE ANCHE CON tutti i tipi di pesce bianco da trancio

INGREDIENTI PER 4 PERSONE

• 1 kg di barracuda (1 pesce)

Per la salsa di cipolla: • 2 cipolle rosse di Tropea • 1 pomodoro secco • peperoncino secco • 12 foglie di salvia fresca • aglio • mezzo bicchiere d'aceto di vino bianco • rosmarino • olio extravergine • sale

1. Cuocio il barracuda al vapore. Eviscero il barracuda intero e lo taglio in tranci. Quindi lo metto a cuocere nella pentola a vapore per una quindicina di minuti.

2. Preparo la salsa di cipolla. Trito grossolanamente le foglie di salvia e finemente le cipolle. Quindi soffriggo tutto in padella con 4 cucchiai d'olio extravergine, uno spicchio d'aglio schiacciato e il pomodoro secco tagliato a listarelle. Dopodiché aggiungo un pizzico di peperoncino tritato, sfumo con l'aceto di vino bianco e lascio evaporare. Infine, aggiungo anche un rametto di rosmarino e regolo di sale. Mescolo con un mestolo di legno, metto il coperchio e lascio cuocere per 3-4 minuti.

3. Salto il pesce con la salsa. Sforno il barracuda, con una pinzetta lo spino e poi lo spello. Quindi lo trasferisco nella padella con la salsa di cipolla e lascio cuocere a fuoco dolce per un paio di minuti, trasferendo con un cucchiaio la salsa sui tranci. Dopodiché impiatto e servo.

CHE PESCI PIGLIARE

Nonostante la sua quasi inesistente fama in cucina, il barracuda sa essere veramente delizioso se ben cucinato. Contrariamente a quanto spesso si pensa, le sue carni non sono stoppose né asciutte bensì magre. Essendo poi un predatore che sa ben scegliere le sue prede, è particolarmente saporito. Inoltre, non ha molte spine e quelle che ha sono grandi e facili da eliminare. L'importante è sottoporlo a cotture brevi.

PEZZOGNA ALLA LIGURE

ITALIA

DIFFICOLTÀ

25 min.

DA PROVARE ANCHE CON tutti i tipi di pesce bianco adatti alla cottura in forno

INGREDIENTI PER 4 PERSONE

• 1 kg di pezzogna (1 pesce) • 1 patata media • olive nere denocciolate • 1 rametto di maggiorana fresca • prezzemolo tritato • pinoli • aglio • mezzo bicchiere di vino bianco • olio extravergine • sale

1. Eviscero la pezzogna. Squamo il pesce e lo eviscero intero, quindi lo lavo accuratamente sotto acqua corrente.

2. Metto gli ingredienti in teglia. In una teglia poco più grande della pezzogna, verso un filo d'olio extravergine. Adagio il pesce e poi cospargo con una manciata di pinoli e una di olive denocciolate, aggiungo un grosso spicchio d'aglio svestito, un rametto di maggiorana fresca, irroro con mezzo bicchiere di vino bianco e spolvero con una presa di sale. Quindi metto a cuocere in forno preriscaldato a 180 °C per 15 minuti circa.

3. Aggiungo la patata. Nel frattempo, pelo la patata e la grattugio a julienne. Trascorsi 15 minuti, sforno il pesce, lo cospargo con la julienne di patata e rimetto in forno. Quando i fiammiferi di patata sono cotti, sforno e impiatto completando con una spolverata di prezzemolo tritato.

COSÌ FA IL CUOCO DI BORDO

Nella versione più classica di questa ricetta tradizionale, le patate si mettono subito a cuocere con il pesce tagliate a fette. Se però le grattugi a julienne, il loro tempo di cottura diminuisce. Quando il pesce è in forno, ricorda comunque di controllarlo per capire se è cotto a puntino.

ALBUM DI BORDO

La storia di questo libro in cinque scatti

Sono andata per mare

Ho conosciuto tanti pescatori

Ho assaggiato nuovi sapori

Ho cucinato e fotografato i piatti migliori

Ho scritto le ricette per te

Ora i fornelli ti aspettano!
Buon appetito!!!

Tessa Gelisio

CRESS
FACILE

RINGRAZIAMENTI

Anche questa volta, come sempre, mi trovo a ringraziare tutti coloro che hanno reso possibile non solo questo volume, ma anche la splendida avventura di Pianeta Mare.

Un grazie di cuore a tutte le persone che hanno contribuito a creare questo libro, con i loro suggerimenti, le loro storie, le loro ricette!

Ringrazio tutti coloro che ogni giorno dedicano la propria vita al benessere del nostro mare.

Grazie ai pescatori che mi hanno insegnato e svelato i segreti del mare.

Un particolare ringraziamento per avermi permesso di conoscere in profondità la cultura e la gastronomia italiana "di mare":
al MINISTERO DELLE POLITICHE AGRICOLE, ALIMENTARI E FORESTALI
a Mediaset
a Rete 4
alle Capitanerie di porto-Guardia costiera.

Grazie a:
Marco Campione, Viviana Aguzzi, Paolo Forrer, Silvia Chiodin, Aldo Innocenti, Simona Stoppa, Dino Emanuelli, Renzo Tracogna, Francesco Porta, Mariella Vitali, Barbara Cavalli, Fabio Ceruti, Francesca Giorgetti, Lucio Borniotto, Stefania Pellizzaro, Elisa Rampi, Claudio Borsa, Manfred Bortoli, Francesco Comandé, Fabio Ferioli, Enzo La Rosa, Paolo Micai, Mauro Olivieri, Giuseppe Oliveri, Fabrizio Paradisi, Massimo Pusceddu, Giancarlo Ventura *e* Antonio Zacco.

Un grazie particolare al mitico pescatore maremmano Paolo Fanciulli; *all'eccelso* Davide Petrini, *pescatore e cuoco del ristorante* Pesce pazzo (Varazze), *e a* Giuseppe Basso, *straordinario ristoratore della* Locanda Lorena *sull'Isola Palmaria.*

Un grazie di cuore a Massimo, *che mi ha assistito e aiutato nel testare e inventare molte delle ricette di questo libro.*

Grazie infine a Roberto Di Mauro, Pino Madeddu, Massimiliano Mantova, Adriano Mariani, Amit Pursun *e* Sonia Vaccaro.

INDICI

LE RICETTE

IL TEMPO DI REALIZZAZIONE

Il tempo indicato non comprende la durata aggiuntiva dell'eventuale riposo e/o raffreddamento.

FINO A 30 MINUTI

FINO A 1 ORA

OLTRE 1 ORA

I PESCI, I CROSTACEI E I MOLLUSCHI

Il titolo della ricetta è scritto in corsivo quando il pesce, crostaceo o mollusco è un'alternativa a quello per cui è stato ideato il piatto.

MAZZANCOLLA

MORMORA

MOSCARDINO

MUSDEA/MOSTELLA

NASELLO

OCCHIATA

OMBRINA

TRACINA

TRIGLIA

TROTA

UOVA DI PESCE

VONGOLA